あいつ、やりおった。

若林和美
KAZUMI WAKABAYASHI

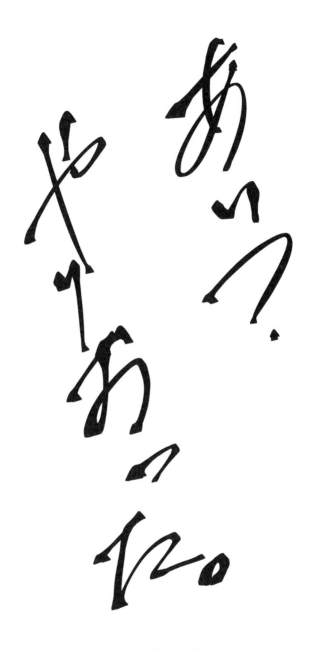

あいつ、やりおった。

「それでも私は恋い慕う」

あなたは何回、人との
別れに涙を流したことがある？

恋をして、自分が本気で凹んで、絶望するぐらい、自分に影響を及ぼす相手と出会える人ってどれぐらいいるのでしょうか？

自分が心の底から大好きだったり、自分が自然と尊敬してしまっている人がこの対象になると思うけれど、悲しいかな〝終わり〟の予兆というものは、ある日突然やってくる。

そんなときに「そんな気持ちにさせてくれた相手に感謝☆」なんて割り切れないんだよね、当事者は。

全力で相手を受け入れて、
全力で相手にぶつかって、
その結果がダメだった場合はもうどうしようもないんだけれど、
「それでもなんとか……！　どうにか……！」
って考えちゃうし、他の道がなかったのか？　とか振り返ったり反省してみたり……無駄な思考を巡らせては永遠と、ウジウジと、ひたすら後悔がループしちゃうもんなんだよね。

でね、そこで思ったけどね。

他人からの評価、過去への後悔を気にしているうちは諸々終わっているんだよ。

こんな時は何をしたって無駄。

相手が大好きだった人の場合、好きな人に言われた些細なことがふとした場面でリフレインして、何度も何度も、傷つく。

嬉しかった言葉がよぎっても、

息が止まりそうになった言葉がよぎっても、

もうね、笑えるぐらい傷つく。

んで、ダメージを受けまくる。


最後には、いつも笑えなくなって、自分が無価値に思えて、死にたくなるぐらいに絶望する。

急に社会すべてから隔離されたような気がするし、みんなの声が遠く、聞こえなくなるぐらい凹む。


でもね、こんなにも〝相手〟といることによって自分が乱されるのに、不思議と「また恋したいな」って思っちゃう。

今度はもっと相手を大切にしようとか、相手に気に入られたい、失敗したくないって思うけどね、

保身のための恋愛なら、やんないほうがいいと思うわ。

恋人は慰みものじゃないし、お飾りでもないからね。
他人からの評価を気にしてあれこれ考え、動いているうちは、いろいろと終わっているんだよ。

自分の個性が死んでいるときって、多分その人自身も死んでるね。
だから魅力的じゃない。

こんな状態で、自分の思う素敵な人に振り向いてもらおうなんて無茶だよね。
だってそんな状態は、魅力的じゃないんだもん。

だからまずは本来の魅力を取り戻さなきゃ！

本来の自分に戻るためには、まずは自律と自立から。

その手始めとして自分との小さい約束を必ず毎日守ること。

そして過去の自分の冥福を祈りつつ、前に進むしかない。

だって生きてるんだもん。


「毎日がほんのちょっと楽しくなる」

「自分と相手の魂に響く」

そんな恋をしよう。

好きな人とすれ違ってしまわないように、毎日相手とコミュニケーションしよう。

そしてちゃんと、恋心の供養もしてあげよう。


強くなってニューゲーム。

人間関係はリセットも再構築もできないんだけどさ、それでも新しく関係性を造りだすってことはできるんだよ。

それが相手の「浮気」でも大丈夫。

お互いが見つめ合い、話し合うことができれば、
お互いにとっての大切なものをお互いが認め合うことができれば、

「浮気」なんて、二人にとってはただの通過儀礼になるんだよ。

はじめに

はじめに

できれば自分とは無関係でありたい「浮気」問題

そうなんだよね。

「浮気」なんて一生関わりたくない。

友達の浮気話も聞きたくないし、浮気なんてされたくないのはもちろん、自分が浮気したくなるような恋愛もしたくないよね。

でも、なんでなんだろうね??

この世には知性溢れる男性・女性だけではなく、パートナーのことを簡単に軽んじてしまう馬鹿すぎるオスとメスも存在するし、相手がいる人を誘惑するケダモノたちがいるからこそ、普段は真面目な人でも誘惑者のせいにしてパートナーのことを忘れてしまったり、はたまたパートナー関係のズレにより他の異性に目移りしてしまう人がいる…。

こんなの悲しいよね。
せっかく一緒にいるのに相手のことを考えられないなんてさ。
二人の関係ってそんなに脆いものだったのかねぇ……??

恋愛ってね、正解の形なんてものはなくて、当人同士が納得していればどんな形でも、二人にとって素晴らしい恋愛だと思うの。
お互いの環境・年齢・職業、身内問題、すでに決まってしまっている境遇、こんなものが恋愛の弊害になるなんて、ナンセンスだよ。

恋愛とは自由であり、自分の毎日を楽しくするものであり、自分に生きがいを与えるスパイスだと思うんだよね。

でも、恋愛のウエイトが大きくなり過ぎると、それはそれで他のことが手につかなくなって問題だし、「恋愛なんて必要ない！」って思っても、やっぱりどこかで寂しさを感じて心が通じ合える相手が欲しいと思ってしまうよね。だって、相手に理解してほしい、分かり合える人が欲しい、子孫が欲しい、足りないところを補いたいって思うのは、人間の本能だからね。

だから、スパイス（恋愛）がない日々なんてつまんないんだよ。

でも、このスパイスが相手を苦しめるものにはなってはいけないよ。自分の適量が、相手にとってもベストだとは限らないから気をつけてね。スパイスは少なすぎても物足りないし、多すぎても困っちゃうからね。

もしも、この本を手に取っている人で浮気をしてしまったことがある人は、自分本位に動いて大切な相手を傷つけたことを心底理解して、それを一生忘れないでいてほしい。

「自分は遊んでもいいけど、相手には遊んでほしくない」

もし、こんな子供じみたことを思うなら、金輪際恋愛をする資格はないと思う。

恋愛は自由だと言ったけれども、あくまでそれは自立したもの同士がするから生きてくることであって、自分のこと・目先のことしか考えられない脳タリンは、遊ぶなら然るべきところでお金を払って後腐れなく綺麗に遊べばいいと思うのよね（でもこれをするときも最悪のケースをよ〜〜く考えてからにしてね。相手のためというよりは未来の自分のために）。

もしくはさ、浮気をして相手を苦しめるぐらいならさ、相手と別れてから好きに遊べばいいんじゃないかな。

○パートナーはあなたの保護者じゃなければお守りでもないんだよね

どんな相手でも、尊厳と感情のある一人の人間だってことを忘れないでほしい。

(当然浮気相手になる人にもそれはあるからね)

浮気をしたことがある人も、浮気をされた人も、自分のいっときの快楽・復讐のために相手を傷つける奴にはなってほしくないな。

浮気をされて今も苦しんでいる人はね、とっても辛いよね。悲しかったよね。

二人の思い出があればあるほどしんどいよね。

いっそのこと、楽しかった思い出が全部消えちゃえばいいって思ったこともあると思う。

何回も何回も思い出しては傷ついてしまうのは、本当にその人のことが好きなんだよね。このとき、ひたすら怒りしか湧いていない人はね、それはきっと「好き」じゃないわ。

こんなことを言ってごめんだけど、恋愛において自分より下だと思っている相手が自分の思いに反して（浮気して）怒りが湧いてくるってね、それは「支配」の関係よ。

そんな場合は怒りのまんま、相手がチナない程度・常識の範囲内で気の済むまで相手をボッコボコにしてスッキリしてから別れたらいいと思うよ。（でも、ボッコボコにした後での本当の意味での復縁は難しいよ。だって相手はあなたからの支配に窮屈さを感じてよそ見しちゃったわけだからね。だからそんな相手に制裁を加えるのは逆効果。まぁ、支配の恋愛は遅かれ早かれ終わる関係だから好きにしたらいいけれど）

浮気されたのに、
裏切られたのに、
たくさん泣いたのに、

「もう忘れたい‼」
「記憶を全部消したい‼」
って思うのに、浮気のショックから離れられない人はね、どうぞこのまま本を読み進めてみてね。

っていうのも、私も大好きな彼に浮気されちゃったの。
しかも、複数回。複数人と。

ダメージデカすぎ…。

告白されて、付き合って、結婚を視野に入れて同棲したいと言われて、早くプロポーズしたい、早く婚約指輪を渡したい、って言われて同棲を開始してからの浮気発覚。

もう「笑う」しかないよね。

こんなに辛いことってあるのかな？
こんな裏切りってある??

「この世の中で、信じていいのは目の前のお金だけ」

こうリアルに思ったのはこれが初めてだよ。

交際後からずっと大事にされていて「早く一緒になりたい」とか、「幸せにしてあげたい」とか、めちゃくちゃ言われてて、一緒に家電や家具を揃えて、幸せな同棲生活がスタートした矢先の浮気発覚だからね。

「絶望」とはこのことだと思った。

浮気してたなら、どうして同棲の申し出をしたの？
浮気してたのに、どうして結婚したいなんて言ったの？

浮気中にどうして「大切にする」なんて軽々しく言えたの？
理解なんてできないよ。

◯浮気に対する恐怖！　それって乗り越えられる⁇

私は元№1ホステスであり、現在恋愛コンサルタントであり、男性向け、女性向けに活動している身。自分で言うのもあれだけど、ぶっちゃけ現役でいろんな人にモテる（それも結構有名な人たちから紳士的にお声がかかる）。

当時のお店の規模としては1店舗のホステス在籍人数が30〜70人ほど。全店合わせると800人はホステスが在籍していたと思うけれど、その中で全店№1を数回獲ったことがあるし、在籍店でなら1年ぐらい№1で、当時は同伴でも数ヵ月待ちなくらい人気だったんだよ。

「なのに浮気された――――――――――!!!!」

たまらんよねっ!!!!（泣）

全く望んでないけれど、自分が浮気されてしまったとき。

どうするのが正解なのか?

どう、自分の気持ちを処理すればいいのか?

どう、これからの二人の関係をつくっていけばいいのか?

彼とまずはどんな話をすべき?

二度と浮気されないためには?

この関係は復縁できるのか?

自分（たち）はこの危機を乗り越えられる?

これから一生つきまとうであろう「浮気」に対する恐怖を乗り越えられる?

彼をまた信じられるようになる？
また、相手のことを心から愛せる？

生まれて初めて心底好きになった人に、人生初の浮気をされた〝かずみん〟が感じたすべてを本書に記します。

結論から言うとね、複数回複数人と浮気されたのに彼と婚約しました。

浮気発覚数日後、交際初めての私の絶望バースデー（そういや誕生日ケーキ用意してもらえなかったなぁ……このネタ一生言い続けてやろっと）。
その一週間後、彼のバースデー。
そして、二週間後のサプライズの箱パカプロポーズ。

彼ね、プロポーズの時、箱パカして、ひざまずいてね、プロポーズの言葉を言う前にポロポロ泣き出したんだよ。

それには思わず、つっこんじゃったわ。
「いやいや、泣くほう違くない⁇w」

そしたら、
「ごめんねぇ（泣）」って言ってて、ウケちゃったw

ふふ。
どうやってこの危機を乗り越えたのか気になるでしょう⁇

幸せ真っ只中の、絶望直下からの、プロポーズだなんて、スピード感も彼のメンタルもなかなかのものだけど〝そうさせた私〟もすごいでしょ☆w

◯あのね、浮気されたときは絶対に相手に流されちゃダメよ

ずーっと、こっちのターン。

この関係の結末決定権は、こっちが握り続けるんだよ。でも、相手を支配してはいけないよ。

あと「過ちは誰にでもあるから……」なんて甘くなってもいけないよ。

浮気されたことは一生忘れなくていい。

でも、自分のために、いつかは辛い感情と縁を切ろうね。相手のためではなく、自分の幸せのために。

いつか、この恐怖と不安にさよならができるといいね。あなたは「自分のこれからの幸せ」について本気で考えてね。

二人の幸せじゃないからね。ここを間違わないでね。
「あなた」の幸せを考えるんだよ。
あなたにとっての幸せはなに？

これがハッキリとしてから、相手をどう調理するか決めましょう。

contents

はじめに　できれば自分とは無関係でありたい「浮気」問題

Chap 01　心に音もなく穴が空いたとき

Chap 02

相手の幸せよりも自分の幸せを

Chap 03

感情の源泉を探り当てる

contents

Chap 06

男が惹かれる女とは？

contents

Chap 09 うっとおしいほど愛される方法

おわりに

Chap 01

心に音もなく穴が空いたとき

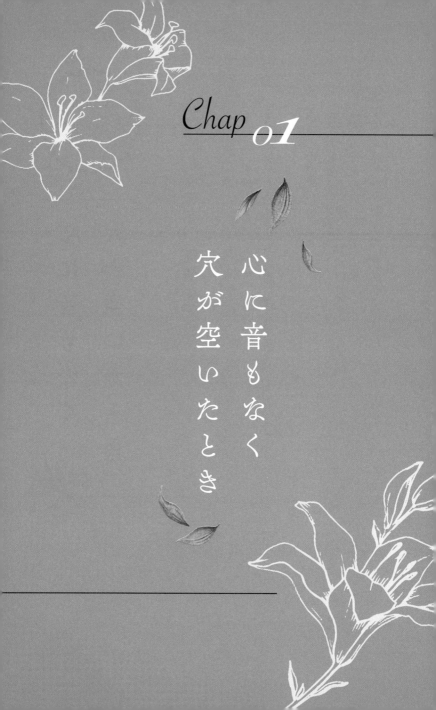

Chap 01

心に音もなく穴が空いたとき

○二度と消せない鮮明な記憶

（あ、この人浮気してたんだ）
そう理解したら、急に目の前が真っ黒になったの。

いろんな感覚が消えて、
怒りすら湧いてこなくて、
感じられたのはただただただ「無」。
（え？　浮気??　あんなにラブラブだったのに……??）

いつも通りの楽しい夕食後、彼のスマホが視界に入った。

その時いつもと違う、ちょっと嫌な感覚があって、（どうしよっかなー⁇　つっこもうかなー⁇　黒（浮気）だと嫌だけど、彼にかぎってまさかそんなことはないと思いたい……けど……！）こんなことを思いつつ、その時は、その不安を抑えて違う話題を振ったのを覚えてる。


でも、その不安が大きくなっていき、彼にその不安を伝えることにしたのね。だって不安なんてさっさと振り払って安心してラブラブしたかったんだもん。

私たちカップルはマッチングアプリで知り合った仲で、アプリを使ってできたご縁だからマッチングアプリがスマホ画面にあるのは嫌だけどわかる（ほんとは全然わかりたくないけど）。

でもね、そこにあったアプリは二人が知り合ったアプリではなく、違ったものだったんだよね（苦笑）。

しかも、最近使ったアプリ項目にそれがあるっておかしくね？？？？？　アイポンも粋なことをしよるもんだわ。

（この人アホだなー。バレバレやんか。でもそこが小狡くなくてかわいいな）と思っちゃった自分もいるんだけども、やっぱり〝彼女〟としてそこに問題のアプリがあることは見逃せなかった。

だから聞いてみた。

「ねぇ、スマホにマッチングアプリが入ってたんやけどなんでなん⁇」

なるべく自然に、角が立たないように、

（何事もありませんように……‼）と思いつつ聞いた言葉に彼は、

「会社の先輩にアプリの使い方を教えてあげてたんだよ☆」とサラリと即答した。

この時の彼の口調はとっても自然だったんだけど、逆にそれが引っかかったんだよね。女の勘ってすごいよね。あとそれで逃げられると思った彼氏……甘いな。

（ほう。左様か。ならばアプリをみせてみろぃ）

男前な自分の声に後押しされて、むりくり彼のスマホを奪った。

そして（まさかね……）と、もう目の前の彼の態度で「黒」だってわかってるのに、少しの希望にすがりつつ疑惑のスマホを開いたら、

「え？　こんなにも真っ黒なことってあるんだ⁉」と笑えるぐらい、真っ黒な証拠がそこにはあった。たくさんね。

人ごとで自分には無縁だと思っていたパートナーの浮気。

（あー……浮気が発覚した時ってどうしたらいいんだっけ……？）

こんなことを思いつつ、口からやっとの思いでひねり出したのは、

「なんで浮気したの？（小声）」

たぶん、こんな言葉だったと思う。

再度言うけれど、この浮気が発覚したのって、散々結婚したいじゃ、一緒になりたいじゃ、指輪を贈りたい、大切にする、って言われてた最中のことだからね？？？

そら、自分の頭もまっしろけになるわぃね。

このとき私が体験したケースで幸いだったのは、彼がこの質問に対して無視したり、逆ギレしたり、逃げたりせずに、比較的冷静に答えてくれたことかな。
だから私も泣き狂ったり、怒り狂ったり、発狂しなくて済んだんだと思う。

第一声の掛け方って、大事やなぁ。

過去、なにかあったらすぐに発狂乱舞していた自分を振り返って、今は心底そう思う。

なにかあったとき、どんな言葉をどんな口調でかけるかって、めちゃくちゃ大事だよ。

◯発覚後に決まる〝浮気の結末〟

誰だって浮気されたくない。

そりゃそうだ。

みんな愛する人には自分だけを見ていてほしいし、この楽しい時間がこのまま続く・続けばいいと思っているもんね。


だから浮気が発覚した瞬間、何が辛いかってその基盤が足元から崩れ落ちて、裏切られたという事実、気持ちが通い合っていなかったという現実を受け入れることだと思う。


(あれ?? 好きだったのって自分だけで、相手はそんなでもなかったのかな??)

(楽しいとか幸せだなって思っていたあの時間は、自分が一人で舞い上がっていただけなのかな??)

（彼はどんな気持ちで嘘をついていたんだろう?? この人は人の気持ちを思いやるってことができないのかな? それとも私が〝遊び〟相手だからこんなにもひどいことが平然とできたのかな?）

未だに相手が浮気をしていた時の心理を考えてみてはいるけれども、今もまだ全く理解ができない。

これはきっと女性が浮気する時と、男性が浮気する時の理由の違いなんだろう。女性の価値観と思考で、男性のそれを理解なんてできないし、理解したところで浮気した事実を心から赦せるわけでもないので、この件は考えるだけ不毛だと思った。

それぐらい男女って、そもそもが違うのよね。だから今は理解なんてしなくていい。

当時の私は、自分自身に必死にそう何回も、何回も、言い聞かせていた。じゃないときっと今頃、生きられていないと思う。冗談じゃなくて本気で。

「裏切り」って、相手の心を簡単に殺してしまえるものなんだよね。

浮気が発覚した時、瞬時に見極めなければならないのは、相手の気持ちではなくて自分の気持ちだ。

相手が心を入れ替えるか、相手が誠心誠意謝ってくれるか？　こんなことはぶっちゃけどうでもいい（後でなんとでもなるからね）。

浮気が発覚した時に注力すべきは「浮気が発覚した〝今〟自分はその人とどうありたいのか？」シンプルに、情ではなく、その人が好きかどうか？この気持ちをしっかりと、自分で自分に対して確かめなければならない。

相手に不義理を起こされた場合、ショックで思考停止した後はいろんな思いが湧いてくる。

嫉妬心。独占欲。所有欲。彼を失う悲しみ。関係を変える不安。女としての尊厳。

今まで二人で関係性を築けていたと思っていた自分自身への驕り。二人の関係にかけた時間や労力、お金。

「どうする、どうする、どうする⁇　何が正解なの⁇」

穴があったら入りたいどころか、このまま自分もろともこの世が消えてしまえばいいのに、と数えきれないほど思った。

悲しくって、辛くって、たくさん泣いたけれど、それでもまた朝は来ちゃうんだよね。

何日間苦しめられたか今ではわかんないけど、浮気されたことがある人は、その事実を知った時、最初になにを思ったかな？

今後の二人の関係を進めていくにあたって、その最初に思ったことが重要だから、今も苦しい思いをしている人はどうかその気持ちを今後、何度も思い出してほしい。

自分の本心って、簡単に雑念に埋もれてしまうからね。
何がどうなったら自分の心が救われるのか?

自分を救うために、たったひとつ。

なんでもできるとしたら、なにをすれば自分が楽になれるのか?

この答えのキーは、自分が最初に思ったことに隠れていたりするんだよね。

悲しいと思った理由はなんで? むかつくと思った理由はなんで? 彼をぶっ殺す。
相手の女もぶっ殺す。そう思った理由はなんで?

この理由にこそ、自分を救うキーがあるんだよ。

◯相手をチェンジしても消えない傷

浮気が発覚した後、何がしんどいって、浮気の事実を思い出しては当時の感情が鮮明にリフレインし、何度も、何度も、傷つくだけではなく、（また浮気されるかも……）という恐怖が襲ってくることが、辛くってしんどいよね。

この恐怖は一人でいるときはもちろん、彼との楽しいデート中にも、昼夜問わず襲ってくる。

この恐怖に襲われ続けると、多くの人が選ぶのは「別れ」になってしまうよね。自分を苦しめる元凶の相手と別れれば、この恐怖とも離れられると思うよね。

私だって過去には、「一度浮気した人は、そういう病気でそれは不治の病だから再発する。一緒にいるのならば、また浮気される覚悟をもってお付き合いしましょう。

それに耐えられないのなら〝今〟別れましょう」と発信していたのね。

※ここで言い訳をすると、その時は実際に浮気されたことなんてなかったし「もし自分が浮気をされたら？」という冷静時の想像の範疇ですら、浮気は辛くて心の保ち方がわからなかったからね（体験していないからそりゃそうなんだけれども）。

だから当時言えることは、「浮気したアホとは縁を切りなさい。そして新しい道を進みなさい」だったの。

でもね、相手をチェンジしたからといって浮気によって傷ついた心は癒えるか？というとそうじゃない。これは身をもって経験したからこそ断言できる。

むしろ、この浮気されたことによってできた傷は、相手を変えても癒えるどころかこのままいくと確実に膿んでいく。そうリアルに思った。

だって、違う相手と恋したとしても相手を好きになれば好きになるほど、幸せを感じれば幸せを感じるほどに、またそれを失うかもしれないという恐怖が出てくるからね。

でもこの〝恐怖〟を、浮気をしていないであろう新しい相手にぶつけるのは違う話でしょう??

そして、その恐怖を新しい人に埋めてもらうのは至難の技よ。

もっと言うと、こんな腐ったお土産のせいで、新しい恋がうまくいかないなんてそれこそ耐えられない。

どうしてただでさえ傷つけられたのに、別れてまでそいつのせいでまた傷つかなならんのだ！　こんなの納得いかないでしょう‼


恋愛において二人の危機に直面した時は、自分の弱さと傷が嫌という程溢れ出てくるの。


この〝自分の弱さ。傷〟と相手がした浮気って、問題がすり替わっているようだけども実は同じ問題で通じるところがあるの。

結局は浮気はきっかけでしかなく、ありがた迷惑なんだけど、浮気された時は自分

が自分の弱さと向き合い、よりよくなるための大きなチャンスなんだよね。

（これはそう思い込んでいるんじゃなくて実際そうなんだよ。だから相手を変えてもこの〝恐怖〟問題って解決しないし、克服もできないんだよね）

浮気された女性としては、「自分のここがいけなかったのかな」「自分のここがこうだから……」と理由を作りたがるけどもそれは違うんだよね。

男性が浮気する理由は大きく2パターンあって、浮気した男性本人に原因がある場合、された側に原因がある場合があるけれど、男の浮気はね、だいたい前者なのよ。

だから思い悩むだけ無駄なの。答えは女性が思い悩む中にはありません。

◯恋愛問題は自分の内面の問題

普段、異性コミュニケーションサポートの仕事をしていて思うのが、

「ほとんどの恋愛問題はその人自身の問題」ってこと。

だから、「浮気されたから」「辛い思いをしたから」といって相手を変えても意味はなく、浮気される人は残念だけど、違う人と付き合っても〝また〟浮気されるの。

さっき、男の浮気は男性自身に原因があるって言ったけれど、この問題を〝出させるかどうか〟って女性次第なんだよね。

恋愛関係とは、互いに影響し合う関係だからね。

女性が過去の傷に怯えて不安がり、「浮気しないで」「合コンに行かないで」「連絡

はこまめにして」と言えば言うほど、ほとんどの男は自分を信じてもらえない悲しさから逆に浮気をしたくなる。

だって、浮気をしてもしなくても言われることって同じなんだもん。

浮気していないのに浮気を疑われたり、「私こんなんだけどいいかな……？」なんて暗いことを言われ続けていたら、そりゃめんどくさくなるよ。

だから恋愛問題を解決したい時には、自分自身と向き合うことが必要不可欠。

恋愛問題は自分の弱さが一番出るし、大好きな彼に浮気をさせないためにも自分自身の問題は自分で解決する義務があるの。自分自身の幸せのためにね。

今の時代はスマホを開けば、自分よりも可愛い子、自分より優れている女性はたくさんいる。

（自分の顔がこうだったら……）
（自分の身体がこうだったら……）
（自分の仕事が……）
（自分の家族が……）

上を向いたらキリがないし、下を見るのも違うんだけど、〝タラレバ〟を嘆いたところで痩せもしなければ、ＯＰＰＡＩも膨らまないし、まつ毛だって伸びないんだよね。

それにもっと言うと、容姿が完璧であったとしても、浮気する馬鹿者は相手がどんなに美人であれ浮気するんだよ。

だから、自分のことを嘆いている人は一旦それをストップして、今一度原点に戻ってほしいんだけど、あなたは浮気した彼のことを今でも「好き」って言える？

やり直したいと思う？　その不安を断ち切りたいと思う？

○それでも誰かと繋がりたいのなら

人を縛り付ける方法っていくらでもあるのよ。

その代表が権力・お金・暴力・精神支配（メンヘラとか頭が悪い人がよくやりがちなやつね）。

でもね、これって文字通り「縛り付ける」方法だから、相手の行動は縛れても、相手の心は自由なの。

いや、むしろ縛り付けられている分、心は加速度的に他へ逃げたがる。

だから、大好きな彼にそばにいてほしいなら、これらの方法はどれもそぐわない。


人を惹きつけて離さない、この世で一番強力な方法は、自分自身が魅力的になり自分に引力を持つこと。これしかないんだよ。

魅力的な人って、ついつい気になるし、ついつい見てしまうし、ついつい思い出してしまうものでしょう??

魅力的な人には無視できない強力な引力があるし、相手に静かだけれども強烈な余韻を残すのよ。

この余韻を相手に残せば残すほど、その回数が多いほどに、それは相手にとっての癖になり、相手がそれを欲するようになって魅力的な人にぞっこんになるって仕組み。

これぞまさに沼。

「この人じゃなきゃやだ！」
「この人じゃないと無理！」

こう相手に思わせるには、相手を惹きつける「引力」と相手に残す「余韻」が必要。
この二つを操れる人間こそが、この世でもっともモテて、人を魅了し続け、応援され、相手を離さない（というか向こうから寄ってくる）人物だと思うんだけど、これらを身につけるのってね、誰にでもできることなの。

自分の弱さと向き合うことさえできたらね。

Point

浮気が発覚した時、見極めるのは、相手の気持ちではなく自分の気持ち。

その事実を知った時、自分が最初に何を思ったのかがキーになる。

男性が浮気をする時のほとんどは、男性に原因がある。答えは女性が思い悩む中にはない。

恋愛問題は自分の弱さが一番出る。問題は自分で解決する。

男性を引きつけるためには、魅力的になり自分に引力を持つこと。

Chap 02

相手の幸せよりも自分の幸せを

Chap 02

相手の幸せよりも自分の幸せを

○被害者が加害者にならないために

浮気された時に一番気をつけて欲しいのは、自分自身が加害者にならないこと。これは絶対に何回も思い出して、自分の言動に注意してほしい。

なぜ、自分が傷つけられたのに相手に気を配らないといけないかというとね、浮気された悲しみを相手に理解してほしくて「クズ！」「バカ！」「私はこんなにも○○してたのに！」「信じてたのに……」「嘘つき‼」というような言葉を言ってしまってもさ、男性からするとその言葉の裏にある女性の本心が見えないのよ。

だからその言葉を額面通りに受け取って、すでに起こってしまって変えられない過去について何度も何度も責め立てられ、謝罪しようにもやりようがなくなってきて、行き詰まってしまうんだよね。

そして拗ねる。そして離れていく（浮気したやつが拗ねてんじゃねぇ‼　って思うけど、拗ねた男はヒステリー女と同じぐらいの厄介さがあるし、この状態になってしまったら話が通じなくなるから、そうならないように気をつけてね）。

ここが男女の違いでもあるの。

女性のめんどくさいところでもあるんだけれど、女性の言葉の奥にある「私のことを思いやってほしい」「傷付いているのを理解してほしい」っていうことが男性にはわからないのよ。

だから、女性は察してほしいとめんどくさいことをするのではなく、言葉に何かを含ませているのなら、それを相手がわかる形で伝える必要があるの。

女性は「察する」スキルが高い人が多いし、確信的なことは自分からは言いたくなくて相手が拾ってくれるのを待っているんだろうけれども、男性にはさ、それがわかんないのよ。おバカだから。

大事なことだから覚えておいてね。男はおバカだから察することなんてよっぽど女性たちに揉まれてきた手練れじゃないとできないことなのよ。

さらにもう一つ気を配ってほしいのが、**男性はおバカだから女性から見たらどうでもいいようなプライドや見栄を持ってるんだけれども、それがその人にとっての誇りだったりもするの。**

そこにはね、関係を壊したくないのならば踏み込まないほうがいいよ。誰にだって口出しされたくない部分ってあるものだし、そこに口出しをするのならば相応の理由がないと余計事態がややこしくなってしまうからね。

やらかした男性を擁護するわけではないけれどね、**起こってしまって変えられない過去にいくら文句や嘆きを言われようと、その〝事実〟は変えられないの。そうなると、男は過去の出来事に対して〝謝る〟ことしかできなくなる。**

でもさ、女性が求めているのは謝罪ではなく、男性から自分への心からの忠誠だったり、思いやりだったりするでしょう。

だから、女性としてはいつまでも自分が求めている男性の行動が得られずに、男性に負の言葉を言い続けてしまうし、男性としては心を入れ替えようとしている自分を見てくれないんだ、信じてくれないんだと、両者噛み合わなくなるのよね。

男性にね、ダメージを与えたいのなら簡単なんだよ。

「無能」

「ダメ男」

「クズ」

「しょぼい」

「なんにもできてないじゃんw」

「それでやってるつもりなんだ？w」

「（じっくり男性を見ながら）へぇ～w」


男性にこんな感じの言葉を冷たい顔で何度か言っていれば、すぐに精神的ダメージを受けて、自信と感情をなくしていくよ（これは同時に二人の関係も終わらせる呪文でもあるから、これ関係の言葉を言っている人はすぐにやめてね。この呪文を発っするのは報復してお別れしたい！　と心底思った時だけにしてね。ちなみにド変態にはお褒めの言葉になるから相手をみて使い分けてね！）。

男と女って本当に解釈も違えば、行動理由も、行動負荷も違うんだよ。

こういったところを知らずに自分本位に相手にあたってしまうと、せっかくヨリを戻せる可能性があったとしても、再出発が難しくなるだけでなんにもよくならない。
だから、少しでも男性との関係を再構築して二人で頑張っていきたいと思うなら、ひとしきり泣いて絶望した後に、なるべく落ち着いて自分がこれからどうしたいのか？そのシンプルな想いを男性に伝えてみて。

そうすれば、男性も自分がした過ちの大きさに冷静に対処できるから。
自分が傷つけられたからって、相手を傷つけていい理由にはならないんだよね。悲しいし、むかつくし、やられ損な気もするけれどね。
でも、やりなおしたい、振り向かせたいのなら、ここは気を紛らわせるように他で発散するしかないんだよ。

こんな時の私のおすすめはね、どか食いや買い物（女性がやりがちなやつ）ではなく、スロージョギングよ。

頭の疲労具合と身体の疲労具合が釣り合わなくなってくると、人って簡単に闇堕ちしちゃうから、ネガティブなことしか思い浮かばない時には、身体を動かして強制的に脳をオフにする（眠る）に限るんだよ。
適度な運動は、顔色もお肌もキレイになるから美観的にもおすすめよ！

◯制裁方法と回数を決める

さて、お待ちかねの制裁タイム。やられっぱなしは面白くないもんね。
おいたをした悪い子にはそれなりの罰を与えて、それを乗り越えさせることも必要だと思うの（浮気をされた女性がそれを望めばね）。

ここでの注意点は、相手を縛り付けることはしないこと。相手を苦しめすぎて、相手がいなくなっちゃったら本末転倒だからね！

この縛り付けるというのは物理的にどうこうではなくて、権力・お金・暴力・精神支配（メンヘラがよくやりがちなやつね）をしないということ。

これだけ注意して、まず自分の中で「これに応えてくれたら、相手の誠意を受け入れよう」と決めてほしいの。

じゃないと、せっかく彼が謝って誠意を見せてくれても、運悪くそのタイミングでバットメモリーが再生され不安が襲ってきたら、せっかくの彼の誠意はあなたへは届かないからね。

そうなってしまうと、彼としても〝やり損〟となり、それ以降あなたの意見を受け入れてくれなくなってしまう……。

（だって、頑張って言われたことをやっても許してもらえないんだもん。それなら最初から罰は受けたくないって誰でも思うよね）

なので、彼への罰を与える際にはその内容と回数、「これをしてくれたら、彼のその気持ちを理解しよう」と何度も自分に言い聞かせてからにしてね。

ちなみに、私は自分の欲しいもの（彼が購入できる範囲のもの）のスクショを見せて、「これが欲しいの（ニッコリ）」としました。

その時の彼は、
「わかった。そのページ（スマホに）送っといてくれる？」と即答。

そりゃそうだよね。
お金で解決できることほど、この世の中にチョロいことはないわ。

まぁ額は全然可愛くないものだったけれ

ど。私としてはそれが欲しいというよりも、それを買ってでも仲直りする気が彼にあるのかどうかが知りたかったんだよね（てへぺろ）。

彼が自分を優先するのか？　私を優先するのか？

自分自身の気持ちがわかったら、彼の現在の気持ちも確かめなきゃいけないよね。だって恋愛は、相手がいてこそできるものなんだから、一人相撲じゃだめでしょう。

◯崩れた関係性は二度と元には戻らない

あなたの制裁を彼が受け入れたにせよ、拒否したにせよ、恋愛関係においてどちらかが強烈にショックを受けた場合っていうのは、どれだけ取り繕おうとも、相手が全身全霊謝罪しまくろうとも元の関係には戻れないの。悲しいけれどね。

問題発覚前のように、無邪気にはもう笑えないし、心底楽しむってことも、難しい。

相手への信頼だって、一度自分のことを無下にされたわけだから持てなくて当然だと思う。


「浮気をした」ほうは、自分のしたことを忘れて制裁だけを覚えているかもしれないけど（制裁の加え方が下手くそだとこうなります）。

「浮気をされた」ほうってのはね、なかなかこの事実を手放せないし、赦せないんだよね。


だって、人が一番大切で一番大好きなのって「自分自身」だから。

お腹が空いたら食事をするし、疲れたら休むし、道でつまずいたら自然と手をつくのも、無意識に自分を自分で守っているからでしょう？

その大切な自分を傷つけた相手を、簡単に赦せるわけがないんだよ。


浮気をされた場合っていうのは、物理的ショックではなく心理的ショックゆえに誰からも目に視えないからややこしいんだけれども、これが癒えたかどうか、というより気にならなくなったかどうか、ってされた側にしかわからないし、それにされた側が甘えてしまう場合があるのも事実。

これが、被害者が加害者になり続けているケースであり、相手へ依存しているケースね。

じゃあ、どうするのか??
どうすれば、またラブラブになれるのか??

これはね、一回関係性を終わらせるしかないね。

だって、そのまま頑張ったって無理なんだもん。
割れたお茶碗を接着剤で一生懸命組み立てたって、一回壊れたところはモロいし、なんかあったらそこから崩れてしまう。
それに修復したとはいえ、それ自体がもう美しくないでしょう。これと同じように取り繕った関係も不自然なのよね。

「浮気された、自分」
「浮気した、あの人」
これが脳裏から離れないままラブラブするなんて、そりゃー無理だわ。

不信感バリバリで、どうやって満たされ満たしの恋愛ができるのさ。方法があるなら教えてくれぃ。

※関係性を一回終わらせるとは、実際に別れるということではなくて、自分の中で「。」を付けるってこと。

・区切りをつける
・今までの「章」を終わらせる

「割り切る」とは違うんだけれども、受け入れたくない事実でも起こってしまった現実は変えられないいんだから「。」を付けないといけないいんだよね。

ここで奇しくも「惚れたもん負け」の法則が発動してしまうんだけれども、浮気をされてもその人と一緒にいたいと思うならば、彼を反省させると同時に自分の中にも「。」を付ける準備をしていかないと物事は好転しないいんだよね。

これが嫌なら、彼が心底傷つくであろう言葉を「一言だけ」残して、さよならするしかない。

◯自分を癒すとっておきの方法

浮気をされたって事実があるとね、自分にその原因があるときはまだ改善のしようがある分ちょっとばかり楽なんだけど、浮気の原因が「なんとなく」「ゲーム感覚」「性欲処理」だった場合、された側は悶絶しちゃうよね。だってこっちに決定的な原因がないいんだもの(涙)。

これが、浮気が辛い２番目の理由。


自分自身が完璧とは言えないにしても、ここをこうしたらこうなるっていうのが明確にない状態。

つまり、何をすればいいのかわからない状態っていうのがかなり苦しい。


ここで多くの人が自己嫌悪に陥って、彼に当たり散らしたり、闇堕ちして別のきっかけで彼の心が離れていったりしがちなんだよね。

(んーこれはもったいない……というか当事者としてはムカつく。)


どんだけこっちを振り回すねん‼

ドアホ！

バカチン！！！

ムカつく！

でも悔しいけどまだ好き!!

みたいなw

それはそれは脳内がせわしく、うるさいんだけれども、これらがネガティブにばっかり偏って悲観的になっている時には、心を無にしてスロージョギングをしましょうね。

この脳内のせわしなさの大半が「怒り」の場合は、もうだいぶ浮上してきているので、安心して自分の感情を怒りの力を借りてすくい上げましょう（ここで怒りのまま相手に当たり散らすのはだめよ）。

自分で自分の辛かった感情を把握するだけでもね、不思議なんだけど気持ちって落ち着くんだよ。

自分の中にたくさん湧いてくる言葉たち。その感情たちを「自分はこうだったんだな。うんうん。よしよし。そりゃ辛いはずだ。よく頑張ってるね」って思うだけで、ちょっとすっきりしてくるんだよね。

こういうのをね、何回も繰り返しているとあ〜ら不思議☆　浮気されたことがね、どうでもよくなるんですわｗｗｗ

実際には全くよくないんだけれど、そこに固執して自分が囚われすぎているのがバカバカしくなってくるの。

過去に「あ〜すごい思い悩んでいたけれど、今となってはなんであんなに凹んでたんだろ？　謎」って経験ない⁇

あんな感じで、いつか乗り越えられる日がくるの。その日がくるのを早くする方法が、自分の感情を自分自身で味わい尽くすということ。

これに役立つのが瞑想だったりするんだけれど、瞑想ってちょっと難しいのよ。だから、私はここでもスロージョギングをオススメするわ。

なぜって、会話ができるぐらいのスピードで立ち止まらずに限界まで走っているとね、頭の中がクリアになって瞑想状態に近い感じになって、自分の本心が見えやすいんだよね。

雑念が消えて「……でもやっぱこうだよね。うん、そうしよう」ってすんなりと思えやすいの。

そして身体がいい感じに疲れるので、夜も不安に襲われる前にコテっと寝ちゃえるしね☆

しかも、スロージョギングにかかる時間はその人の体力にもよるけれど、私の場合（自宅警備員、デスクワーク）は20分もあればヘトヘトのクックタクタになれる。

いろいろ気分が上がることを試したけれども、これだけお手軽で道具も靴だけでよくてどこでもできる短時間の自己の癒し方を、他に知らないんだよね（ちなみにこの方法はうつ改善でもすすめられているわよ）。

癒すってね、勘違いしてほしくないのが自分を甘やかすことではないし、気を紛らわせることでもないの。

よく女性たちが「頑張ったご褒美！」「ショックを受けたから」って安易に粗悪なものを食べたり買い物をしたり、ひとりでお散歩したりしているけどね、それってあくまでその瞬間だけしか効果がないよね（苦笑）。

だからその方法で自分を癒そうと思うと、切り替えにものすご～～～～く時間がかかって、効率が悪い。

でも、**スロージョギングの場合は、瞑想状態に近いゾーンに入ることによって雑念が消えるし、体力を消耗して眠りが深くなることによって、マイナスに囚われる時間が短くなり、結果として切り替えが早くなるんだよね。**

あとね、浮気をされて悲しくて誰かに話して発散させる方法もあるんだけれども、これも一時しのぎの発散にはなるけれど癒しにはならない。それは、単に気が紛れているだけなの。

「いい子ちゃん、いい子ちゃん☆」とか、

「あなたは何も悪くないよ」とか、

「そのままでいいんだよ」とか、

無責任になまぬるい事を言う奴は全員滅びたらいいと思うんだけど、自分を癒して人間の魅力を高めるにはね、しなやかに強くなってなんぼなんだよ。

現状維持や逃げに、癒しや魅力なんて全くないの。


変えられない事実に囚われてふさぎこんでいる人間と、切り替えて前を向いている人間。

どっちと一緒にいたら自分にプラスになりそう?? って考えたら、どう考えたって後者でしょう。

人と動物の違うところはね、

・感情の切り替えを自分で選べるところ
・学べるところ
・成長し続けられるところ

なんだよ。

これらを自ら放棄して、自分を甘やかしていたり被害者ゾーンに留まり続けてお涙頂戴している奴には、なんにも魅力がないんだわ。
だから正しい方法で自分を癒して、自分で前を向くしかない。それもなるべく早くね。

そうじゃないと関係性を再構築するにせよ、別れて違う人と恋愛するにしても、過去のしがらみから脱することはできないんだよね。

自分のことを救えるのはやらかした馬鹿男じゃなくて、愚痴をきいてヨシヨシしてくれる偽善者でもなくて、自分しかいないって知っておいてね。

◯相手の誠意を受け取る方法

「自分自身を真に癒せるのは自分である」

これは間違いない。

誰かが良い言葉を言った。だからそれによって自分は癒された、と思ったとしても、その言葉を受け入れたのって「自分」なんだよね。

不幸に酔いしれている人、頑固な人ってのは、国宝級の賢者がありがたいお言葉をかけてくれようともそれを受け入れないし、理解できない（しようとしていない）からね。

これと同じで、いくら相手に制裁を加え、相手がそれを受け入れ自分に誠意を見せてくれようとも、制裁した本人がそれを受け取らなくてはなんにもならないんだよ。そうなると、この制裁はいつまでたっても終わることがなく、さすがに相手の男も心が折れる。

そこで「罰しすぎた！」と気がついてももう遅い（ここまでくると二人の関係性を再構築するのは三重に難しくなる）。

だからこそ浮気されて辛い、立ち直りたいと思っている人は、早い段階で立ち直るために「相手からの誠意を受け取る」って決断する必要があるの。

「決断」とは文字通り決めて断つことだから、立ち直ると決めたならそれだけではなく、不安や甘えを断たなければならないんだよね。

ここまでが「決断」のワンセット。

でも、人はこの「断つ」ってことがどうやら苦手らしく、決断しきれない人が多いんだけれども、そんな時には実際にあるものを断捨離していくのがオススメよ。

よくね、失恋したら髪を切るだとか、イメチェンする人っているんと思うんだけど、これはとても理にかなっていて、自分の中で決めきれないことでも現実的に行動していけば、いつの間にか行動によって意識が変わるってこともあるのよ。

「やる気がないし、嫌だと思っていたことでもやってみたら意外と面白いし、楽しかった。またやりたい☆」

「嫌いだし、まずそうと思っていたものが食べてみたらすっごく美味しかった！　これちゅき☆」

この体験こそ、まさに行動からの認識（意識）変換。

一番スムーズにいく方法はピンポイントに的を絞って意識から行動を変えることだけれども、それが難しいっていう人は行動からの意識変換をすればいい。

ちなみに私がやったことは、実際に物を捨てるのではなく、スマホにある浮気が発覚した時期の写真と、それ以前の浮気を思い出させる写真の削除。

だって見るたびにムカつくやん？

（こいつこんな顔して写真を送ってきていた時期に裏でわやくそしてたんか……）とか思うと、今でも吐きそうだからね。

だからそんなものは要らないから、削除。ばいばい☆

自分の気分を害するものは要らない。私の人生から削除。

それが高いものだったとしても、「物」ってどうせいつか壊れたり廃れるし、それを見てしんどくなるぐらいだったらいっそのこと捨てちゃって、どうしてもそれが惜しいのなら改めてプレゼントしてもらえばそれで済むんだよね。

記憶の上塗りって、結構効くから試してみてね！

Point

- 浮気されても、言動に注意して自分自身が加害者にならないこと。
- 相手を縛り付けず、制裁方法とその回数を決める。
- 崩れた関係性は一回終わらせて、自分の中で「。」区切りをつける。
- 自分のことを救えるのは、結局自分しかいない。

Chap 03

感情の源泉を探り当てる

Chap 03

感情の源泉を探り当てる

○不安・怒りの気持ちを分解する

浮気をされて辛い時、それが辛かったり、ムカついたりする理由って人それぞれなの。

それは冒頭で書いた嫉妬心、独占欲、所有欲、彼を失う悲しみ、関係を変える不安、女としての尊厳、今まで二人で関係性を築けていたと思っていた自分自身への驕り、二人の関係にかけた時間や労力、お金……かもしれないし、そうじゃないかもしれない。

これって二人の関係性にもよるし、ご自身の性格にもよるんだけれども「彼は私のものなのに‼」という独占欲から感情が湧き起こっているのなら、その下にあるシンプルな感情は何？　シンプルな思いは何？　っていうところにフォーカスしてほしい。

「私のことをあんなに大事にするって言ってたのに裏切った‼」

という場合にもその奥にはどんな感情、どんな思いがあるのか探ってほしい。

というのも、いくら表面的なところを取り繕おうとも、根本的な原因や穴を埋められなければ、また問題って違う形で出てきてしまうんだよね。

これが、心がなかなか回復できない理由でもあるんだけれども、この回復薬がなにかは他人ではわからないんだ。

だから、自分自身でどこがどんなふうに傷ついていて、どうやれば回復できるのか？を知って、相手に伝えられないと問題解決にはならないんだよね。

ここが自分の思いと、エゴと、プライドがせめぎ合うところかもしれない。

彼に普段からなんでも言える関係の人だったら、素直になるだけでここはクリアできるんだけれど、

不器用で自分の真の気持ちがわからない、おまけに嫌われる恐怖で彼に意見を言えない、となるとこの局面は相当に辛いと思う。浮気に限らず、パートナーシップがうまくいかない人ってのは、例外なくここでつまずいているからね。

・彼に関係ない問題を、彼に反映してしまっているケース
（↓八つ当たりひどすぎ）

・自分は不器用なくせに察してほしいと願っているケース
（↓そんなん、まじで無理だからね）

・自分で自分のツボがわからないケース
（↓不感症になったのもずーーっと自分を押し殺してきた結果だし、それももう限

界がきてるってことだからね）

・不幸に浸って注目を浴びたいケース
（↓死にたい、自分は無価値、自分はだめだと他人に言う人はコレ。不幸でいることによりかまってもらえるという甘い汁を吸ってるんだよね）

こう書くとさ、悲観している人って、浮気された悲しい現実から立ち直りたいのかそうじゃないのかわからないでしょうw

みんな不幸は嫌がるけれども、不幸でいることによって得られる「注目」「共感」「優しい言葉」「逃げる理由」「甘えられる理由」「やらないでいる理由」に酔いしれちゃうんだよね。

これを本人が気づかぬまま続けてしまうと、相手の男性も逃げるし、交友関係だってどんどん狭くなるし、最終的には自分の周りには自分と同じような「私たち可哀想だけど仕方ないよね。一生懸命やってるのにね……」みたいなことを言う他責な奴しかいなくなる。

当然この時には、新たな出会いもなければ、質のいい男性との恋愛もできない状態になっているよ。

でもそんなの嫌でしょう？（けれど非モテの９割ってこの思考なんだよ）

こうならないためにも感情の源泉、ツボはどこか？
どこをどうしたら自分はどうなるのか？　を把握しておかないといけないの。
これはなにも浮気問題だけに役立つことではなくて、今後の恋愛関係、交友関係でも必要なことだから、ぜひ自分で押さえるようにしてね！

◯強く出てくる感情を抱きしめる

自分の感情の源泉（ツボ）がわかったら、さっさと止血をしたいところだけれども、ケアを間違えると未来永劫自分の中に負のシコリが埋まってしまうことになるので、そこから出てくる感情たちを、まずは味わい尽くしましょう。

ここで注意なのが、感情に浸ってしまうと不幸に酔った痛い人になってしまうので、あくまで立ち直るために自分の感情を理解すると意識してから、感情たちを拾っていってほしいの。

というのもね、感情ってシンプルに喜・怒・哀・楽とは言われているけれども、

どんな喜びなのか？
どんな怒りなのか？
どんな悲しみなのか？
どんな楽しさなのか？

ただの喜・怒・哀・楽だけでは、そのニュアンスも強弱もわからないんだよね。自分自身を癒すため、労わるため、相手に伝えるため、今後のためにも、

「なにがどうだから、どんなふうに、どれくらい傷ついたのか」

を自分で知っておく必要がある。そうでなければ自分にシコリを残すだけではなくいつかまたそれが二人の間に火種になって出てきちゃうし、自分の不安材料になってしまうからね。

冷静に自分で自分の感情を把握し、それを抱きしめられれば、彼と話すときもおだやかになれるし、浮気事件終息も、新たな関係構築も早くなる。

私も昔はよくやっていたけれど、女のヒステリーほど意味不明でめんどくさいものはないんだよ。

しかも、過去に女のヒステリーを体験している男ならば、女性がヒステリー状態になった時点で（あ、もうこれは無理だ。）ってフェードアウトするし、話をきいてくれなくなるからね（女のヒステリートラウマｗ）。

こうなると女性側はまたショックを受けるし、彼もここからの再構築はしんどい。と思ってしまう。これってあなたの望んでいることではないでしょう？

二人の関係性を立て直したいのならば、ピンチの時こそ、冷静に自分の感情・現状を把握し、それを伝えることをしないと前へは進まないんだよね。

ここを賢く、したたかに遂行できると、二人の関係性は逆転も変化も可能だから、ピンチの時には「二人の関係性を見直すチャンスだ！」と喜んでくださいね。

（でも浮気は１㎜も喜べないね。次やったら片玉くらいはつぶしたいよね。ほんと。いやでもそれよりもあれだな。お肌がボロボロになるとかハゲ散らかすほうがいいね。

そしたら他の女性から相手にしてもらえなくなるもんね！）。

○感情に善悪はない

自分に湧いてくる感情を抱きしめているとね、感情が悲しみのフェーズから回復の兆しの怒りのフェーズに移行した時、それに罪悪感を抱く人もいると思う。

「こんなこと思っちゃダメだ」ってね。

でも、ここでも感情に蓋をしてほしくないの。シコリが残るから。

というのも、**湧いてくる感情に善悪はないのよ。**

例えば、「怒り」ってなんだか悪いものに捉えられがちなんだけれど、怒りほどパワーの強い感情ってないのよ。

だから何か成し遂げたい時、希望よりも怒りがあるほうが成し遂げきる力になるし、スポーツや勝負事で「負けてたまるか！」っていう気持ちも、掘ってみれば「負ける自分なんてありえない！」という自分自身への怒りだったりもする。

要は感情ってどう使うか？　なの。

怒りの感情を悪いほうに捉えてしまう人は、自分が怒りの力を悪いほうに使っていたり、使われたかのどちらかかな？

人を殴ったり、壊したりっていうのはよくない怒りの使い方だよね。

でも、正しく怒りを原動力にすれば、これほどバネに適したものはないんだよ。

喜びも、悲しみも、楽しさも、それぞれプラスの使い方とマイナスの使い方があるし、それは自分でコントロールできるって知っておいてね。

だから「彼の頭がハゲ散らかせばいい！」「仕事でミスすればいい！」っていうのも、それが湧いて出てきたのならちょっと思う分にはいいのよ。

だって出てきちゃったんだもん。それは自然なことでしょう？
でもね、そこに固執するのは笑えない呪いになるし、そう思う相手と自分は恋愛したいのか？　それで幸せになれるのか？　というと思いと願いが矛盾したことになるからやめてね。

意識の芯は常に「自分の幸せ」「自分の笑顔」に置いて、相手のことよりも自分のことを一番に考えるようにしてね。

○苦しみが繰り返す理由とは

浮気という辛い出来事を、忘れたいんだけど忘れられないって厄介よね。
忘れたいと願えば願うほど、そこに意識が集まってより記憶として刷り込まれるっていうのもあるんだけど、**中でも厄介なのがフラッシュバック（泣）。**

一番嫌な感情、記憶ほど、空気を読まずいかなる時にでも「バッ！」と現れて、いとも簡単に自分を支配してしまうんだよね。

浮気のダメージが回復してきたかな？

彼との関係も順調だな、って思っていた矢先のフラッシュバック。

ほんと勘弁してほしいし、空気読めよ！　って思うんだけど、これに襲われると何回でも鮮明にあの時の感情と痛みが襲ってくるんだよね。

そんなときは、今の自分の状態をこう割り切りましょう。

「はい、これは鬱です。間違いなく」

でも、悲観しなくてもいいんだよ。

人ってね、急にショックから立ち直るとか、急に吹っ切れるなんてことはありえなくて、徐々に徐々に克服していくものだから「一歩進んで三歩下がる」なんて当たり前にあるし、これは思い悩まなくてもいいものなの。

人は学習する動物だし、人とは忘れられる・忘れる生き物だからね。

何度も何度も凹むのと、そこからの立ち直りを繰り返すことによって、しなやかな強さを手に入れられるんだよ。

つまり、これは前向きにいうならば成長痛とも言えるね。

当の本人からしたら成長痛だなんてたまったもんじゃないけれど、ここを乗り越えるには浮気をした彼にも協力してもらってたまにサンドバックになってもらうもよし、抱きしめてもらうもよし、恨みつらみの呪文を唱えるもいいんだけれども、それをするならばその前に「なぜ自分がそうなるのか？」そして「制裁外にそれをやる意味」を共有しないといけないね。

だってさ、これを説明しないと、彼もたまったもんじゃないじゃない⁇

だって、彼は過去にした大罪によって今もこれからも制裁を加えられるわけだけれども、何回制裁を加えようとも過去は変えられないし、彼からすると急に制裁余波が襲ってくるわけじゃん⁇

こんなにおそろしいことはないわよ。

あなたにも感情がある。彼にも感情がある。

いくら最初に傷つけられたとはいえ、ここはあなたがメインになって乗り越えるべき場面なの。あなたの気持ちの問題だからね。

でも、それが立ち直る過程で起こる〈どうしようもないこと〉なら、彼もきっと歩み寄ってくれるんじゃないのかな？

浮気問題って、されたほうが乗り越えるところ、したほうが改め切り替えるところ、二人で乗り越えるところの３つあるからね。

ここを手伝ってもらうのは、なにも悪くないと思うよ。

すでに浮気男とはおさらばして、新彼といるけれども不安が拭えない人は、このことを新彼に冷静に話して、自分と新彼がどうなりたいのか伝えてくださいね。
※過去の相手がまだ好きだからそうなっているのではなく、その時の感情がまだ昇華しきれていないことをちゃんと伝えてね。そして彼に上手にあまえてね。

○苦しさから解放されるために

何度も襲ってくる成長痛も「いつ終わるのか」終わりが見えないと毎日が辛いし、彼に頻繁に当たることによって関係性が悪化してしまうのではないか？　彼がまた浮気してしまうのではないか？　という不安が出てくるよね。

過去の清算が終わっても、じゃあ未来は安泰か？　というとそうじゃないからね。

こうなると「過去」からフォーカスするところが「未来」になるだけで「不安」「苦しい」「辛い」というところは変わらない。浮気というものは本当に厄介よね。

おまけに、「相手が先にしたんだから！」という気持ちから、自分も浮気をすれば相手も同じ苦しみを感じるのでは……？　同罪になればこの苦しみが消えるのでは……？　なんて思考も湧いてくるから危ないったらありゃしない。

もしね、そのように思ったとしても、**「彼が浮気したらから」といって自分が浮気していい理由にはならないし、浮気しても救われないからやめたほうがいいよ。**

なぜならば、人によって価値観・道徳心ってそもそも違うし、それも現在相手に興味がどれくらいあるか？　で結果は変化するものだから「同じ苦しみ」なんて感じられないんだよ。

痛みってのはその人だけのもので、第三者はそれを想像したり過去の自分の傷を思い出して連想・共感はできるけど１００％同じ気持ちになれるなんてありえないんだよ。

だからそれは無駄。

そして、自分も浮気をして同罪になったらこの苦しみが消える……わけもないからね？

例えば、「自分がナイフで肌を切られました。血が出ました。痛いです」痛くてたまらないから、自分も相手と同じようにナイフで切りつけました。これで自分の傷の痛みが消える?? わけないでしょ。なので、これも無駄だし無意味。

しかも、せっかく二人で乗り越えようとしてくれている彼を裏切ることにもなるので、彼が冷めたり、彼に嫌われるリスクがある。

だからこんな危ない思考が湧いた時には、冷静になって思い直してくださいね。

自分は、どうしたいのか？
彼と、どうなりたいのか？

浮気されて辛い時にはね、何回でも存分に泣いて気持ちを発散させるといいよ。溜まっているものを、少しずつでもいいから全部吐き出してね。

不安に飲み込まれるのではなく、今の自分の中にいっぱいいっぱいになっているものをまずは出すことからやってね。じゃないと、そんな状態で明るい未来なんて想像できないから。

自分で自分を縛るのをやめて、感情を味わいつつ溜まったものを外に出して、ちょっとスッキリしてきたら、自分が安泰だと思える未来をこれから決めるのよ。だから、ここでも彼とのコミュニケーションが必要となってくるね。

恋愛とは相手がいてこそできることだし、恋愛の形って二人で創っていくものだからね。

不安が溜まってきたら、溜めずにすぐに出す習慣をつけてね。

Point

- 立ち直るためには、自分の感情に浸らずに抱きしめる。

- ピンチの時こそ、自分の感情・現状を冷静に把握し相手に伝える。

- 意識は常に幸せと笑顔に置いて、自分のことを一番に考える。

- 浮気問題は、されたほう、したほう、二人で乗り越えるところの3つある。

Chap 04

人はなぜ浮気をしてしまうのか？

Chap 04

人はなぜ浮気をしてしまうのか？

◯浮気をするのは理由がある

「彼はなぜ私という存在がいながら浮気をしたのか？」やっぱり気になるところだよね。

・自分との関係になにか不満を抱えているのか？
↓だったらなぜ別れずに一緒にいたの？
・自分に何か足りないものがあるのか？

↓容姿？　身体？　性格？

・彼への誘惑が多い or 女好きだから？
↓世の中の遊び人と一途な人の違いは先天的仕様？

・彼が自分のことをアクセサリー代わりにしている……？
↓社会的立場、容姿などで「○○と付き合っている俺」が欲しいだけ？

・彼は私とのおセックスに満足していない？
↓**dぴfjgせpr@いgj!!!!**

自分がね、相手のことを大切に思って、相手のことを頭に入れた上で行動していればいるほどに「これだけ気を遣って接していたのに、何がいけなかったのか？」と凹んだり、イライラする部分があると思う。

でもね、これって「自分が勝手によかろうと思って」したことなんだよね。

つまりそれは、「**うぬぼれ**」です。

相手がそれを本当に望んでいたのか？自分が80の労力をかけてなにかしたとして、相手がその出来事に対して「80」の価値を受け取ってくれているかどうかって、別問題なんだよね。

ここも男女の目線・価値観がズレるところなんだけど、これをわからないまま、

「私は彼にこれだけしているんだから、いつかそれを返してくれるだろう☆」なん

て淡い期待を抱いているとだね、あっさり残酷に裏切られます（っていうのもそもそもが、言ってみれば相手が求めていない**「おせっかい」**だから）。

人っていうのは悲しいかな、
「自分がその時欲しているもの以外は、すべてゴミ」なの。

だから自分が知りたい情報があるとしたら、それ以外の情報ってただの雑音と捉えてしまう人ばかりだし、自分がしてほしいポイントがあるのにそこからずれていると「そこじゃない！」と平気で言い放てるんだよね。

だってその時のその人のエネルギーは自分がほしいところに向いていて、それ以外はどうでもいいから。

ここを理解できていない人が多いから、世の中の多くの男女は、「妊娠・育児」という二人で乗り越えるべき場面で、最初の問題に直面するの。これもベクトルがすれ違っちゃっているんだよね。

結局は浮気をする理由って「こじつけ」なんだと思う。

シンプルに浮気をするのは、性欲が原動力でしょう。男女ともに生きていれば性欲はあるもんだし、性欲は睡眠欲・排泄欲・食欲とならぶ本能ですからね。

「ただヤりたかった」

ここにプラスして、**女性の場合だと、**
「ただヤりたかった。**だって寂しかったんだもん**」
「ただヤりたかった。**だって私のことを大事にしてくれないんだもん**」
「ただヤりたかった。**だってあなたつまらないんだもん**」
ってのがこじつけられる（だってみんな自分が可愛いから、自分を守るために自分の行動を正当化することをこじつけちゃうよね……）。

男性だったら、

「ただヤりたかった。**暇だったから**」

「ただヤりたかった。**刺激が欲しくて**」

「ただヤりたかった。**なんとなく**」

「ただヤりたかった。**好きな人にはできないから**」


これを知って愕然とする人も、殺意を抱く人もいると思うんだけどね、それぐらい男女って違うものなんです。

そして、違うもの同士だからこそ強烈に自分と違うもの（他人）を欲するし、そこと繋がることによって人生をかけて「自分」を完成体に持っていきたいんだと思うのね。


だから真の浮気をした理由はね、男女ともに「ヤりたかった」。

これだけだよ。

○人選ミス？　関わり方の問題？

世間の浮気の理由の大半が「こじつけ」で、真の浮気理由は性欲だと説明したけれど、じゃあ相手の性欲を満たせなかった自分に非があるのか？

相手の性欲を満たしたり、コントロールすれば浮気されないのか？　というと、そうじゃない（泣）。

これってどういうことかというと、「つまみ食いしただと⁉」じゃあもうつまみ食いしないように「ご飯大盛りにしたろ☆」ってぐらい、雑なことを考えてるの。

つまみ食いをしてしまったのは、単に小腹が空いたからではなく、足りない栄養素があってそれを補給するためになにかつまんだのかもしれないし、暇で口寂しかったのかもしれないし、単にそこに食べ物があったから、かもしれない。

それなのに、単純にお腹が空いていたからつまみ食いをしたと直結させるのはナンセンスなんだよね。

「食」で例えるとわかりやすいのでこのまま「食」でいうけれど、まずはなぜつまみ食いをしたのか?? そのきっかけを、つまみ食いをした本人が自覚しているかどうかがキーになる。

食べても食べても満たされない場合は、なにか栄養が不足しているんだろうし、食べ物を咀嚼している状態が好きなのかもしれないし、そこに食べ物があったら「もったいないから食べないと」と思ってしまうのかもしれないし、なにがトリガーになっているかはその人（その二人の関係性）にしかわからない。

世の中には、何にも言わなくても彼女一筋、妻一筋、っていう硬派な男性も存在しているけれど、これはその人の元々の性格なのか？ というとそうじゃない。

だってさ、**「優しい人」がいつでも誰にでも優しいわけないじゃんね。**

どんな人でも自分自身の中に「優しい自分」と「冷たい自分」がいると思うけれど、自分の中には自分が優しくしたい相手、普段関わりがあるから優しくしないといけない相手、優しくなんてできない相手、関わりたくない相手もいるでしょう？

その人の性格がどうか？　はその人がその時相手にする人によって簡単に変わるものなんだよ。

ここで反対意見として「でも、いつでもみんなに優しい人はいます‼」って思う人もいるかもしれないけどね、それってその人が賢くて自分の周りに自分が優しくしたい人しか寄せ付けていないだけなんだ（想像してほしいんだけど、みんなに優しくしている人がもし自分にだけ冷たかったら……悲しくって追い払われなくても自分から空気を読んでそこから去るでしょう？）。

ほら、誰にでも優しいと思っていた人の冷たい部分発見。

でも、これは悪いことじゃないの。だって、人間関係はボランティアじゃないから。自分が接したい相手を選ぶ自由は誰にでもあるし、常に全員に優しくしていたら自分が疲れて仕方ないでしょう？　人間関係は、一方通行じゃなくて循環するからお互い楽しくなるんだよ。

こんな感じでね、男女ともに目の前の人によって自分の身の振り方、接し方って気づいていない部分でも自然とチューニングしているの。

だから、「浮気しない人」っていうカテゴリは存在しなくて、誰にでも少なからず浮気願望（異性への憧れ）はあると思うし、それを自制するのが二人の関係性だったり、パートナーの価値なんだと思う。

そして、女性でも男性並みに性欲が強い人も多いけれども、自分の性欲の強さと男性のそれが同じだとは思わないほうがいいし、そこは測ろうとしないほうがいいよ。

性欲なんて体調やメンタルによっても変動するし、そこは考えるだけ無駄だから。

そして‼　自暴自棄になって欲しくないんだけれど「浮気をされた自分は無価値」だなんて思わないでね。

パートナーがいるのに浮気する人って、おバカだから浮気したことがバレるだなんてそもそも思っていないのよ（バレなければなにをしてもいいというわけでもないんだけど、とにかく馬鹿だよね）。

自分のそういった汚い部分を見せずして、パートナーとは綺麗に付き合いたいと思っている大バカ者なの。

もし彼が、本当にあなたよりも別の女性がいいのなら、その彼の考えは浮気という形以外ですでに出ていたはずなんだよね。

・ＬＩＮＥがそっけない

- **デートに誘ってくれない**
- **会話が弾まない**
- **遊びの提案をしても乗ってこない**
- **二人でいるのに一人で別のことをしている**

浮気をした彼がこんな状態だったのなら、彼のベクトルは残念ながらあなたからは外れてしまっている状態（彼のベクトルを戻す方法はあるから安心してね）。

この状態の浮気（しかも隠そうともしていない）だと、悲しいけれど彼は浮気によって別れるためのきっかけと口実を作ろうとしているのかもしれないね。

実際にそんな話をしていた男性がいたんだけれども、彼が浮気を追及された時に最初に思ったのが「あぁよかった。これでやっと別れられる（安堵）」なんだって。

ここは、彼のお望み通り晴れて離婚という形で関係性が終わったんだけれど、こんなケースもあるのよ。女性からするとたまらないけどね。

浮気の理由ってのはシンプルに性欲なんだけれども、大事なのはそれが露呈した時に、第一にあなたがなにを思うか？

第二に彼がどんな言い訳をかましてくるか？　なの。

ここで、嫌でも今までの自分たちの関わり方の総決算が出ちゃうよね。

○なぜその人でなければならないのか？

自分はまだ彼のことが好きなのに、彼が自分に対してのベクトルが弱い時、もどかしいし、辛いよね。

こんな時には、今一度「どうしてその人がいいのか？」を考えてほしいの。

っていうのもね、みんな既にある環境・関係性を変えることがストレスで、そのストレスを受けるくらいならばそのままの関係性を無理してでも継続しようとするものだから。

同棲している場合は、

「引っ越しどうしよう」

「お金どうしよう」

「親にどう説明しよう」

って、不安が出てくるだろうし、二人が付き合っていることを知っている人が多いほど、

「みんなからなんて言われるんだろう」

「独りになりたくない」

「捨てられたくない」

って、余計なことまで考えてしまうもの。

要は、自分のタイミングでの「別れ」じゃないから心の準備ができておらず、動揺するんだよね。

でも、この動揺ベースで今後のことを考えると、どうしても自分の立場を下げて相手にすがることになる。そうなると、結局相手はまた他に目移りしちゃうよね。

だって、追いかけられる側って余裕があるもんだから。

余裕があるということは、暇だし、刺激が欲しくて、なんとなく……ってなりやすいよね（泣）。

こんな悪循環には自らハマってほしくないし、**男性は自分が好きになった人を追いかけるのがよい恋愛だし、女性は男性から追いかけられるのがよい恋愛だから、この逆になっちゃうとどちらも楽しくなくなっちゃうんだよね。**

っていうのも、ここには男女の素質が関わってくるの。

◯不安があるあなたに魅力はあるか？

男性と女性。何がどう違うかわかる??

見た目でいうと男性は、

・直線
・筋肉
・ゴツゴツ（関節など）

女性は、

・曲線
・やわらかいお肉（脂肪）
・華奢（男性と比べて）

一般的にイメージされやすい性格的には、

男性
・活発
・行動的
女性
・落ち着きがある
・大人しい

男女の違いは他にもあるんだけど、書き出すときりがないのでこれくらいにしとくと、これらからも連想可能なように男女って活躍しやすい場が違うんだよね。

これは、元々男性は外で狩りをして食べ物を女性がいるところに持ち帰り、男性は自分の力で女性を養えることに喜びを感じ、女性は男性の帰りを待ち、食事を持って帰ってきた男性をねぎらい、彼を癒し、また食べ物を取ってきてもらうの図なんだけれど、これが戦後では「食べ物＝お金」だったものが、現在では女性も社会進出して自分でもお金を得られるようになっちゃったもんだから、男女の関係性（役割）っていうのが現代は少しばかり見えにくくなっているのね。

要は、**男性が女性に与えてあげられるものが少なくなってきた（価値が薄れてきた）のに、女性は男性へ欲するものが増えてるってこと。**

あとね、男はおバカだからなにを女性に

すれば女性が喜ぶのか、そもそもわかっていない人が多いの（これがわかっている男性は、よくもわるくも女性経験達者な人です）。

時代価値が変化しても、男女の素質ってのは変わらないんだけれど、男性の素質は自分の力を他者に見せること、それにより反応を得ること（結果主義）。

↓結果を自分の力でもたらすこと。

女性の素質は、相手から注目されること、それによりなにかしてもらうこと（成果主義）。

↓カタチにしてなにかを受け取ること。

女性は多少困難があろうとも自分が追いかける恋愛が「生きている」「恋している」って感じがして楽しいものだけれど、自分がそれで幸せになれるかどうかでいうと、実らない恋よりも、成果があるほうがいいんだよね。

だから**「遠くの恋人よりも近くの友人」**に流れるの。

寂しい時、会いたい時にすぐ会えない恋人よりも、近くにいてすぐ会えて、すぐ自分の気分を変えてくれる男性に流れがちなのは、女性が成果主義だからなんだよ。

結局、女性は受け身であって、相手（男性）にしてもらってなんぼなのよ。

だからこそ、女性は「私は彼に○○してあげたのに、彼はなんにもしてくれない！プンスカ」って思うのよ。

でもこれは、なにも「受け身」でいて何も打つ手がないということではないよ。成果が欲しいのなら、男性が喜んで成果物を差し出してくるように自分が振る舞えばいいんだよね。

男性に自分は価値がある女性だと認識させることができれば、男性は自分が一目置

いている女性の笑顔が見たい一心で、成果物をあらゆる手で差し出してくるものです。

その最たるものが結婚。

中には、親のプレッシャーに負けて入籍する人もいるんだろうけれども、男性が自分から決意して結婚したカップルっていうのは、入籍後何年経っても女性がとっても幸せそうで、女性が幸せなことにより相手の男性も幸せになっているんだよね。

成果物を運ぶ→女性が受け取り笑顔になる→行動の結果が出て男性は大喜び。また頑張る→それをみて女性もハッピー。

この循環があると恋愛はもちろん、二人の関係性っていつでも楽しいし、満たされ、満たすことができるの。

なのにね、ここで「自分には無理……」と落ち込んでいるなんて……。そこに、男性目線でどんな魅力があるのかを問いたい。

不安に何度も襲われるのはわかるし、自分のことが嫌になるのもわかるけれども、前に進むって決断したのなら頑張って不安は断たないといけないよ。

自分で無理だと思っているうちは、なにをしたって良い結果にはならないからね。

心配しなくても、人は立ち直れる生き物だよ。どんなに感動して一生忘れないって思ったことでも、その時の鮮明な記憶っていつか薄れてしまうものだし、どんなに死にたい‼　って思った記憶でもね、「そんなこともあったよねｗ」って笑える日がいつかくるのよ。

このいつかは、取り組み次第なんだけどさ。これを乗り越えないことには、自分の幸せってやってこないんだよね。

愛されたいのなら愛される自分になるしかないし、相手が自分の価値をわかっていないおバカなら、それをわかるようにするしかないんだよ。

それがあなたの幸せならね。

○浮気発覚後の再構築は不可能である

浮気発覚後の再構築は無理よ（大切なことだから何度でも言うね）。

〈第二章・崩れた関係性は二度と元には戻らない〉でも書いたけれど、相手に不信感があったり相手を恨んだり、自分がふさぎこんでいる間は再出発なんて無理なの。

だから、二人の関係性をどうにか形作りたい場合は、一回しっかりと自分の中で「彼と決別」することをおすすめする。

これを私は「心のお葬式」っていうんだけれども、自分の心を供養できていないうちには再出発もダメ。新彼との関係も、うまくいかないんだわ。

だって、ずっと負の感情を引きずっているんだもん（ちなみに普段から自分の心と向き合い慣れている私でも、初めて心底好きになった人の人生初浮気のお葬式が開催されるまでは約5ヵ月かかりました）。

浮気という大事件が起こった時には、されたほうはいち早く心のお葬式を始めて、彼にも変わってもらわないといけないいし、あなただって変わる必要がある。

この時、二人がちゃんと向き合えるかどうかが今後大切なので、ここでヒステリーを起こしたり、自虐暴走したり、ＤＶには走らないように気をつけてね。

お互いに協力して二人で恋愛の形を作っていけば、今度こそ二人の関係はうまくいくと思うんだけれども。

知っておいて欲しいのが、女性って「液体」なの。
女性は男性の「器」によっていかようにも形を変えることができるんだけれども、その体積ばかりは残念だけど変えられないんだよね。

変えられないとは、増やすことは努力でできるけど、減らすことはできないってこと。

そして男性はね、不器用ゆえに自分から器を広げることができないの。だから何かあった際は、男性に負荷をかけ続けるのではなくその器（価値観）をぶち壊してあげましょう。

女性を支えられない男性なんて、魅力がないでしょう？　小さい器で女性を支える男性もしんどいしね。

だから一回、彼の器になっている価値観や常識を一新させるためにそれを壊すの。つまり、今までの女性データは全消去してもらって、あなただけの仕様、あなただけのルールを、彼にインストールさせるのね。

そうすることによって、まっさらな状態から一緒に器を作れば、女性も男性も居心地のよい器が完成するよね。

そこに咲く花が、二人だけの恋愛の形なんだと思うよ。

だから、どんな花を咲かせたいのか、普段から二人で話し合うのも今後はしたほう

がいいよね。
そうすればどんどん居心地がよくなるし、そんな居心地のいい人を手放したいとは彼も思わないはずだからね。

男性ってね、自分は器を広げられないのに容量不足の女性だと物足りないとなるし、自分から溢れそうな女性だと手に余るっていうんだよね。
（相手にケチつけずに精進せんかい！　って思うけど、これを思わないからおバカなんだよ。そうして自己成長を捨てている男は、大切なものを失ってから自分の過ちに気がつくのよ）

めんどくさいんだけど、ここは女性がしたたかに男性を転がしてあげましょうね。

Chap 04

Point

自分の労力と、相手が受け取ってくれる価値は別問題。

その人の性格がどうか？は向かい合う相手によって簡単に変わるもの。

男性に価値ある女性だと認識させれば、成果物を差し出してくる。

愛されたいのなら、愛される自分になるしかない。

Chap 05

女性としての目覚め

Chap 05

女性としての目覚め

○まずは自律

人同士の関わり方として「傷の舐め合い」「依存」の関係ってあって、両者似た者同士であるからこそお互いの理解者になれる。
補完しあえる関係性だからこそ離れられないし、結託できるってあるんだけれど、こんな関係ってね、実は脆いの。

この関係性が成り立っている時って、自分の理解者は目の前の人だけだと強烈に思うし、そんな人に出会えて付き合えた自分がなぜか誇らしく思えたり、特別だとも思えるものなんだけどね。「傷の舐め合い」「依存」ほど、怖い罠はないんだよ。

人って勇気を出して一歩踏み込むのが怖いものだし、自分を変えたい、変わりたいと言いつつ、実際にその場面を突きつけられたら尻込みして前に進めないタイプが多いんだけれども、自分の目の前にその恐怖・億劫さをもぶっ飛ばす強烈な輝きを見つけてしまったらね、自分が元いたところが急に色あせて見えて、元に戻りたくないって思うの（まだ自分は何も変わっていないのに）。

だって人には成長欲求があるし、目の前のその輝きは自分が諦めて蓋をしていた願いを叶えてくれそうなものに見えてしまうからね。

「自分にはこれしかない！」ってちぢこまり思い込んでいた人が「ほわっ⁉　なにこれしゅごい……こんなのもあるんだ☆」って心の底から思ってしまうと、いい意味でも悪い意味でもその人は変化する。

強烈な輝きに魅了されて、

「自分もあの人のようになりたい」

「あの人の隣に並びたい」

こう思ってしまうと、そこからもう変化って始まってるんだよ。


今まで傷の舐め合い・依存の関係で同盟を組んでいたのに、どちらかが突如現れた強烈な輝きに魅了されてしまった場合ってね、今まで居心地のよいところであったはずのそこが、急に自分の汚れに見えてきてそこから離れたくなるの。


「自分もあの人のようになりたい」

↓だから、あの人がやっていることを取り入れてみよう、という心の変化。

「あの人の隣に並びたい」

↓だから、自分磨きを始めよう、という心の変化。


今まで変化のなかったことにより安定していた二人の関係性なのに、急にどちらかが変化しだして水面が揺れだすと、そこにあったボートって簡単に転覆しちゃうのね。

だから、「傷の舐め合い」「依存」の関係は、男女関係だけでなく、交友関係でも危険。一見それはとっても固い関係性のようだけれども、どちらかに何かがあると簡単に切り捨てられるものだからね。

イメージがつきやすいのが、恋人がいないもの同士の結託。結婚はしないと思っていた人の急な結婚報告。努力せずに遊んでいると思っていたあの人の影の取り組みを知った時の衝撃かしら??

切り捨てられたほうは「信じてたのに……!!」と悲しみと恨みを抱いてしまうし、結果的に切り捨ててしまった人は「……ごめん！　だってこうなっちゃったんだもん」としか言えないんだよね。

これってなんで起こってしまうかというと、**そもそも自立していないし、自律もできていないから。だから相手の変化を受け入れられないし、喜べない。**

人によっかかって「その人ありきの自分」になっているから、その人が急にいなくなると、自分の世界が崩壊しちゃうんだよ（よくもまぁ、大切な自分の世界の鍵を、他人に握らせたもんだわぃ）。**←ちなみにこれを責任逃れ・他責と言います。**

自分を律することもできないから、変化した相手に対して感情的になりすぎてしまう。ときにはヒステリーを起こし、ときには暴力にうったえ、ときには自虐や塞ぎ込みの行動をし、ときには自分の命をかけて相手の注意と関心を取り戻そうとするけれど、そんなのって逆効果なんだよね。

「変化」って、始まってしまったら誰にも止められないから。

だからこそ、人は強くならなければいけない。

これは「我慢する」「耐える」「自分を抑え込む」ってことではなく、**最上級の愛を持って相手の変化を受け入れられる自分になるべきだし、普段から後悔しないように自分の本心を相手に伝えている自分になる必要があるの。**

だれだって幸せになりたいし、好きな人、自分の親・兄弟、自分の親しい人には幸せになってほしいでしょう?

相手の幸せを心から祝福できる自分になるには、自分自身がまずはまっすぐにならないと、素直に祝福なんてできないんだよ。

◯女性の覚醒とは「見守る愛」を持つこと

見守る愛（究極の愛）とは、自分のお母さんが幼き日の自分にしてくれたように、自分のおばあちゃんが自分にしてくれたように、転けても泣いても笑っても、どんな状態でも変わらずに「おかえり☆」って微笑むことができることだと思う。

「うんうん。それでそれで？　なにがあったの？☆」って優しく聞けることだと思う。


「なんでどっか行くの⁉」

「なんでそれやるの⁉」

「そんなの危ないからしないほうがいいよ！」

こう思って言ってしまうのは、相手のためのようで1㎜も相手のためではなく、すべて自分だけのため。相手が変わって自分が独りになってしまうのが怖いから、つい出てしまう自己不安の言葉です。

相手をコントロールしたり、支配下におく関係はなにがいけないかってね、制御している側が「いつかこの人は自分の元から去ってしまうかもしれない」という恐怖を持ってしまうことだね。

人を縛り付けるなんてできないし、唯一その可能性があるとしたら、それは相手を魅了し続けることだけなんだよ。

もし、自分の周りに自分を律することができなくて、自立もしようとせずにあなたのことをコントロールしようとしてくる人がいたら、その人の不安を抱きしめて安心させてあげてね。

もし、自分がこの世に独りぼっちな気がして怖くなってしまったのなら、相手に八つ当たりするのではなくて、その気持ちをそのまま相手に伝えて、自分でも前を見ることをやめないでね。

「自律」も「自立」も自分にしかできないことで、自分でできることだから、不安に飲み込まれそうになったときにこそ、冷静に自分自身と向き合ってどうすれば自分の心に平和が戻るのか考えてみてね。自律はここから始まるのよ。

◯外へ出ていくことを怖がらない

尊厳ってなんだかわかる??

辞書を見ると尊厳とは「尊く、おごそかで、犯してはならないこと。気高く威厳があること」というように書かれている。

女性からの相談を受けていて多い内容が「可愛いって言われたくない」「相手に舐められたくない」ってことなんだけども、これね、相談者が思っていることと口から出ている言葉が違うと思うんだ。

だって、だれだって女性であれば可愛いって言われたいし、思われたいものなんだもん。

きっとね、あれらのお悩みって本当は、

「可愛いって言われたくない」「相手に舐められたくない」ではなく、「もっと〝個〟人として丁寧に扱ってほしい」ってことだと思うのね。

んで、そんな人たちがやっちゃっているのが、まず自分で自分のことを雑に扱っている……（苦笑）。

「可愛いって言われたくないから」って、目の周りを真っ黒にしてもキュートな人はキュートだからそれじゃただのツンデレに見えるし、相手に舐められたくないってツンツンお高く止まっている人は、そのせいで人が寄りついて来ず、今度はどうやって他人とコミュニケーションをとっていいのかわからないという。

みんな甘え下手か。

私からすると、それがすでに不器用で可愛いんだけど、自分で自分を定義し、それを心に持っておけば、相手が舐めてきたって平気だし、むしろ相手に恥をかかせることだって簡単なんだよね（しようと思えば）。

本当に偉い人ほど腰が低くて親しみやすくてびっくりするっていう人がいるんだけど、なぜびっくりするかっていうとそれは自分の中の「自分が偉くなったとしたら……」の構図と相手のそれが違うからびっくりするんだよねｗ

そしてね、舐められたくないって偉そうにしても、たしかに舐められないかもしれないけれど、好かれることもないよね（苦笑）。

人間として生まれてきたからには、大多数の人がなにかしらコミュニケーションをとって生きていかなければならない世の中で、人が寄って来ないって、一番避けたいし避けなければならないことで、舐める・舐められるってのは、その人の「印象」によって変えられるものなの。

優しそうだから舐められるってわけでもないし、可愛いから仕事ができないってわけでもないでしょう。

なのに、こういうことを言うってことはね、別のところにその原因があるんだよ。

女性で多いのは、

「私はちょっと……」

「私にはできません……」

「私なんて……」

と、謙遜に見せかけた自虐茶番劇をしてしまうこと。

「自分はそんなキャラじゃないから」とか言ってしまう人もいるんだけれど、本当にそう思っているのなら、そもそも悩む必要なんてないんじゃないのかな。だってその今の現実が事実なんでしょう?

「自分はそんなキャラじゃないけれど、女性として生きたい**」**

「女性らしくなりたい」

「女性としての強さを身につけたい」

相手に自分の本心を察してもらおうとせずにここまで言い切れる人が、心に尊厳をもち、他人から一目置かれる女神になりうる人なんだよ。

でもこれが言えないってことは、たんに自信がないんだろうね。

自信ってさ、自分を信じるって書くけど、自分が手を抜いているかどうかも、嘘をついているかどうかも、何を望んでいるかどうかも、自分にしかわからないし、自分でその答えがわかっているからこそ、実現できていない現実とのギャップでしんどいんだよね。

「でも、どうにかしたい」

なら、すればいいんじゃないの？（笑）

こう言うと次は決まって「やり方が～」って言われるんだけれども、やり方なんて決断さえしたらいくらでも、何通りでも出てくるわ。

だってさ、自分が喉が渇いて渇いて仕方なかったら、お水を飲むでしょう⁇

ミネラルウォータしか飲みたくない‼　タイプだったら、コンビニとかスーパーとかへ行くでしょう⁇

ガチで手元にないものを「飲みたい！　飲む！」って思ったならば、間髪を入れずに「どうしたら飲めるか？」まで考えつくものなのよ。

なのに、これができないって人はね、まだ言い訳してるねw
それか、まだ他人に後押ししてほしいんだね（不器用で可愛いやつじゃ）。

いい??

男はもちろん、他人から〝個〟として見られたい、扱われたいのならば、まずは自分で自分がどうなりたいのか？　どう生きたいのか？　どう思われたいのか？　把握するのよ。

行き先もわからないのに、出発なんてできないからね。

自分自身に、まずは自分で尊厳を持つのよ。

自分が自分に「私はダメなやつです」ってプラカードぶら下げてたら、それを見た人が「あの人、ダメな人なんだ」って思うのは当然だからね。

だってそう書いてあるし、相手はあなたの裏を読む義理も、暇もないんだもん。

だからまずは、**自分で「私は〇〇です！」って胸をはれるように、自分がどうなり**

たいのか自問自答をしてみてね。

「自分はそんなキャラじゃない」なんて思わずに、素直に自分の思いを出してみてね！

○心の傷を次の人に持ち越さない

「私は○○です！」
「私は○○したい！」

自分の進む方向がわかって決まればあとは進むだけなんだけども、今までの自分のイメージがあるがゆえに「会社の人からどう思われるのか？」「友人の反応」「男性の反応」が怖くて実行できないって人がいる。

うん、その気持ちはわかる。

変化ってのは良くも悪くも今の状態から変わるってことだから、それが必ずしも全員にウケるとは限らないからね。

過去にそれで失敗して滑った経験をした人ほど、怖いのはわかる。

でも、もう今までの自分じゃいられないギリッギリまできてるんだよね。今までの自分じゃ通用しないところまで来たから、あなたは今壁にぶち当たったの。

ってことは、これからはこのまま壁の前でもがいて朽ちていくのか、自分を変化させて次の段階へいくのか、2パターンしかない。

しかも浮気をされたってことは、相手はすでに「変化」してしまっているんだよね。

何か問題があったとき、
男性は女性に「変わってほしくなかった」と思うし、

女性は男性に「変わってほしかった」って思うけれどもね。

これって、男性は女性に「(付き合った当初のキミの精神状態から) 変わってほしくなかった」だし、女性は男性に「(問題を起こした後) 変わってほしかった」なんだよね。

つまりだね、塞ぎ込んでいたり、ウジウジしていたり、腐っている状態のあなたは、魅力が落ちているのよ。だからこそ切り替えて、変化する必要があるの。

人ってみんな快楽主義で、明るく楽しそうなものを求めるけれど、反対に苦痛があるもの、暗くてしんどそうなものはナチュラルに避けるのよ。

男性が浮気して、浮気相手と楽しい時間を過ごしていたとしてね、あなたと会ったときあなたが腐っていたら、その男性は浮気相手とあなた、どちらを居心地よく感じるかわかるよね??

一方では何も考えず「好き、好き」言い合い、一方では悪者にされ（悪いんだけどね）罵られ、相手の機嫌取りをしないといけないとしたら……。

彼はどっちとの時間を長く過ごしたいと思う??

答えはいつだってシンプルなんだよ。

すでに起こってしまったことは変えられないし、記憶も残念ながら今は消せないし、まだ傷口もエグくて血も止まっていないと思うけれど、

それでも相手のことが好きなのなら、自分の思いを成就させるために、自分も今の状態から変わらないといけないの。

「なんで傷つけられたこっちが、さらに苦しい思いをして乗り越えないといけないの!!」って気持ちは、私が実際に何回も叫んだことだからものすっごくよくわかる。

嫌ならね、やめてもいいんだよ。

無気力で、無表情で、食欲もないままボサボサの頭で過ごしてたっていいと思う。たくさん泣いてたくさん暴れてもいいと思う。それだけのことをされたんだからね。

「そいつに報復を！！　後悔させてやる！」

彼を振り向かせて、相手がのめり込んで来た時に捨ててやる‼　っていうのでもいいと思う。

女性ってね、すごいんだよ。


女性には男性とは違う強いエネルギーがあって、女性次第で男は簡単に出世もすれば、簡単に破滅することもあるの。歴史を大きく変えた人ってだいたい男性だけれども、その裏にはしっかりと女性がいるんだよね。

男性の起点を作れるのは男性ではなくて、間違いなく女性だよ。

あなたには、それができる力がある。

つまり、不義理をした男を生かすも殺すも、女性の意のままなんだよね。

「つらい。しんどい。耐えられない」って時には、無理をせずに休んでいいんだよ。

感情ってね、一直線に回復できるものではなくて、少し回復してはそれを維持して、そこから少し回復しては下がってと、段階を経て少しずつ少しずつ元の状態へ戻るものなの。

でもね、いつだって忘れてほしくないのは、その男性との関係を終わらせるにしたって、自分の心は終わらせてはいけないよ。

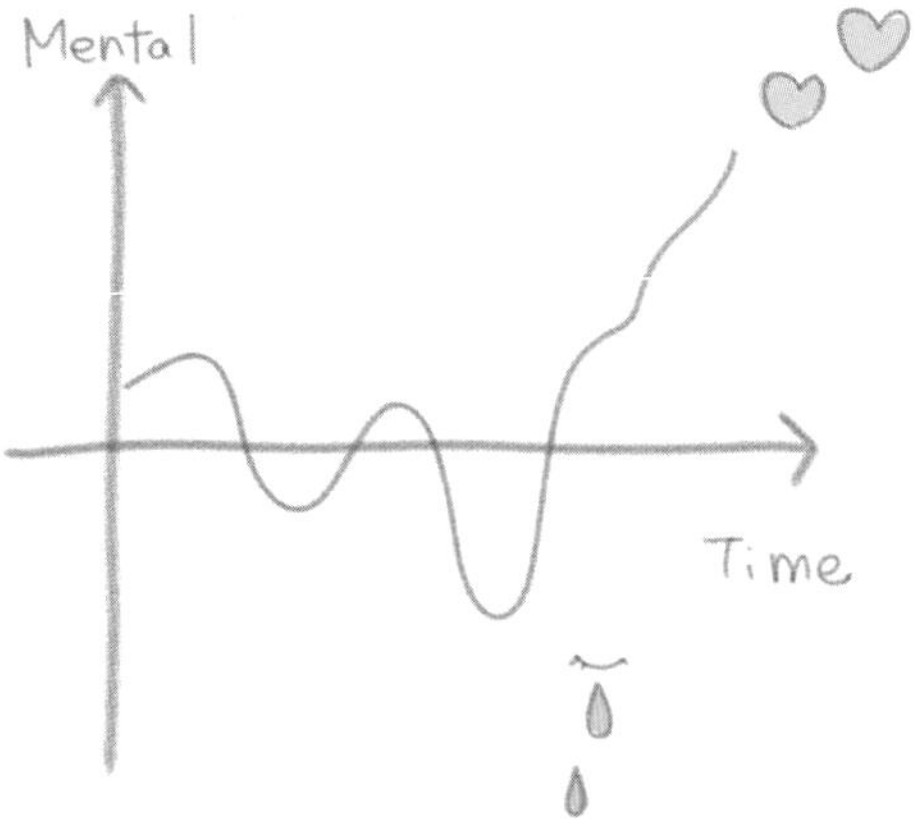

その心の傷を次の人へ持ち越すことがないように、自分自身の幸せのために、幸せへ向かうのはやめないでね。

○相手の気持ちも尊重する

男性にはない女性の素晴らしいところっていくつかあるけれど「相手のことを無視しきれない」っていうのも、女性の素晴らしいところだと思う。

寒ぎ込みたい、ずっと泣いていたい、自分のケアに専念したいのに「あ、そろそろ仕事終わる時間かな？」とか「なにしてるのかな？」と気にしてしまうのも「こんな自分じゃ嫌われちゃう」って思うのも、保身が大半だけれど、自分だけのことではなくちゃんと相手のことも入ってるんだよね。

習慣とは恐ろしいもので今までそこに自分の感情や思いを使っていたからこそ、その癖ってなかなか抜け切らない（女性の愛の形と男性の愛の形って違うんだけど、それは第九章で話すね）。

だから辛いんだけどね、人と関わっていく以上「**相手の今の気持ち**」を尊重することもしてほしい。

自分自身が感情に飲まれてウガーってなってしまうのもわかるけど（うちはそれで壁が凹んだよ☆）、相手はね、自分のやったことがそこまで大事になるってわかってなかったんだよ。

おバカだから。

あとね、あなたがそんな状態になるとも想像しきれてなかったんだよ。

超絶おバカだから。

極めつけにね、その男は自分の浮気がバレてから、自分の気持ちに気がついた愚か者なのよ。

だってさ、浮気がバレてそれを咎められたり泣かれたりしても一緒にいる時点で、それって相手の男性の気持ちが自分に対して「ある」ってことだからね。

だから、女性の反応を受け入れてるの。

その気持ちが人としての「偽善」なのか彼の「本気」なのかはわからないけどね、なんにせよ気持ちがあなたになかったら、男はろくに謝りもしないし、めんどくさいお説教や愚痴にも付き合わないんだよね。

少しでも彼が関係性を修復しようとしているということがわかれば、それは自分に対しての気持ちが「ある」ってことだから、それだけは理解して受け入れてあげてね。

これを受け取り拒否していると、罪人とはいえ彼も心が折れるので、そうなってからでは修復困難だから気をつけてね。

◯禊の後は過去を持ち出さない

男性の気持ちが自分に「ある」のがわかったら、それが人として、社会的な「偽善」からなのか、あなたに対してとんでもないことをしてしまった、あなたの心を取り戻したいという「本気」なのか知りたいところよね。

ここで私は、浮気をした彼の気持ちを見極めるべく、彼の大切なものを差し出させたの。

人によって大切なものって違うよね。人によっては社会性だったりするだろうし、車が大事な人もいれば、なにか〝物〟が大切な人もいるよね（これが物質じゃない人もいるかもしれない）。

でも、**どんな男でも押さえられたくないものがあるの。**
それは「時間」と「自分の行動」。

人ってね、自分のしたいことが自分のしたいタイミングで思うようにできないことに、ものすっごくストレスを感じるの（これはね、あなたがママになって赤ちゃんや子供のお世話をするようになると身をもってわかります）。

だから私は、相手のできる範囲のギリギリで自分の心が回復することをしてもらったの（これは危険行為なので自律ができていない状態ではしないでね）。

具体的には、
・私の誕生日に行けなかった水族館デート（運転往復4時間）
・休日に什器探し（自分だけの趣味に付き合ってもらう）
・彼は嫌いなものだけど、私は好きなものを食べにいくデート（これは余談がある

のでどこかでシェアするね）

私の彼はそんなに一人の時間が必要なタイプでもなかったけれども、彼が興味がないであろうことで私がお熱なことを話題に出してみて、その反応で自分への関心具合を探っていたの。

そして、今思えば彼はそれに全部合格点以上を出していたので……全く私に対して気を抜いてなかったんだろうねw　ありがたや。

まとめると、彼がどれだけ自分よりもあなたのことを優先してくれるか？（常識の範囲内）で、彼の気持ちが偽善なのか本物なのかがわかるよね。

ここで注意してほしいのが、男性の愛情と女性の愛情って全然違うから「好きだったらこうするはず‼」と、自分の物差しで愛情を決めつけることはしないでね。

男女は体の構造も違えば受け取り方も考え方も、得意・不得意も違うものだから、ここに気づかないと、今回のことを乗り越えられたとしても違うところで問題が出てきてしまうからね。

そして、彼が自分の時間・行動を差し出してくれたかどうかで相手の気持ちの質と根元がわかったら、なるべく、なるべく、過去は持ち出さないようにして、二人で前を向いていくように心がけてくださいね。

こういうときにこそ、

「仕方ないわね」って使うものだと思う。

自分が雑に扱われた時に仕方ないと思うのではなく、相手からの誠意が見えた時に、自分の感情の処理が終わっていなくても「仕方ないわね」って思えるのがいい女だよね（私は思えなかったんですけれどもｗｗ）。

だから、自分の感情が復活してきた時こそ、相手のしてくれた誠意たちを思い出して、それをもって自分の傷を埋めるようにしていこうね。一緒にがんばろう。

Chap 05

Point

相手の変化を受け入れるようになるには、
自律すること。

他人から"個"として扱われたいなら、
まずは自分のことを把握する。

男性の起点を作れるのは男性ではなく、
間違いなく女性。

男性がどれだけ自分のことを優先してくれるかは、
時間と行動でわかる。

Chap 06

男が惹かれる女とは？

Chap 06

男が惹かれる女とは？

◯男性が影響を受ける女性はこの世に二人だけ

男性が影響を受ける女性って、この世に二人だけって知ってる??

男性ってね、女性と違って群れることを好まない人が多いので、ある意味「自分」を確立している人が多いの。世の中的にはこれを頑固ともいうかなー。

だから、なにか良かれと思ってアドバイスしたりおすすめをしても「俺はこれでいいんだよ！」ってつっぱねられたり「そうなんですね〜」って流された経験ってない??

男性がつい、聞く耳を持ってしまう気になる女性ってね、一人目は彼の母親。

「男は全員マザコン」ってほんとだと思うけど、それは仕方ないのよ。
だって、みんな（あなたも）自分のお母さんが笑顔でご機嫌でいてくれるだけで、心が少しほっこりするでしょう？

女性にとっての父親と、男性にとっての母親は「＝（イコール）」ではないんだけれども、自分が幼き頃から接してきた存在であり、その対象の機嫌が自分の世界の天候を司るものだとしたら……この天災とも呼べる存在、男性にとって一番最初の異性

である「母親」の存在ってのはデカいよね。

だから男性は、幾つになっても自分の母親の言葉っていうのは無視できないんだよ。これはマザコンと一言でいえないくらい、仕方ないことなのよ（母親離れができていないのは別問題）。

そしてもう一人。

男性に影響を与えられる女性がいます。

それは、その男性の現在進行形で好きな女性。

これだから、男の浮気はすぐにバレるw

だって、男性は好きな女性には素直だから「あら？　○○さんいつも赤だけど青も似合いますね」とか「こっちが合うんじゃないですか？」って言われたら、おバカだから好きな人の気を引きたくて、その人の意見を簡単に自分に取り入れちゃうんだもん!!　おバカだから（泣）。

だから、男の浮気はすぐにバレる（男性の心が動いた場合は、男性の好みや言動に変化があるので浮気が露呈しやすいけれど、心が動いていない風俗やその場限りの浮気っていうのは、男性の心が動いていない分わかりにくい。逆に気持ちがなくてもそういうことができるんだーって女子的にはドン引きだよね……悲しいけれどこれも男女の違いの一つ）。

なので、今彼が自分のことをどう思っているのかが気になった時には、自分に対して「時間」「行動」を惜しまないかどうかを見るとともに、あなたの意見をどれだけ彼自身が取り入れるか??　を見てみるのもありよ。

男性はプライドが高いから、自分が信じているものをなかなか変えられないし、自分の基準値を大切にしているんだけれども、そこを曲げて「この人が言うのなら」って行動するのって、なかなかないことだからね。男性が他人の意見を素直に受け入れるのって、すごいことなのよ。

これが女性ならば、「流行りの〜」とか「○○さんがいってたな」くらいの浅い情報でもフットワークが軽いんだけれども、男性の新しいものを取り入れる、新しいことをする時の腰の重さときたら……ひどいんだからねw

だからもし、彼にあなたが「こっちのほうが似合うよ☆」と伝えて、彼がそれを取り入れてくれていたとしたら、彼に影響を与えられているあなたは彼の中で決して小さくない存在ということです。よかったね！　おめでとう‼

もし、自分が言ったことを受け入れてくれないなって場合は、まだ彼との距離や信用具合が浅いということなので、これからパートナーシップを深めていきましょうね！

○価値のある女とは

男性に大切にされるためには、とにもかくにも自分自身の価値を上げること（男性から見て価値の低い女性は、残念ながら扱いもそれなりになるからね）。

どんな女性が男性にとって価値のある女かというと、ここでも若干出てきてしまうのが「母親」よ。

彼のお母さんのようになれって言っているのではないから、このまま読み進めてね。

散々男はおバカだって言ってるんだけれど、それに加えて男ってビビりのチキン野郎なのよ。

女性のほうが数倍賢いし、女性のほうがいざという時や心を決めた時ってのは強い（出産にだって耐えられる身体だし、人を一人体内で作り出せるのもすごいし、その痛みを忘れられるタフさもすごくない⁇）。

男の人って、ビビりでチキン野郎な部分は他人に見せたくないし、知られたくないの。そんな自分はカッコ悪いって知ってるから（ちなみにここが裏目に出ると、なんでも知ったかをしてお店なんかで店員さんに対して横柄な態度をとったり、女って○○だろ？　って決めつける器のちっちぇ微塵カスになります）。

だから男性ってね、動揺していないふりをしていて内心バックバクな時っていうのもあるし、女性が平気でやってのけてしまうことでも、ものすごーーーく心理的ストレスをかかえていることだって多いの。

きっとね、女性よりも男性のほうが変化に弱いし、ストレスも実は受けやすいんだと思う。

男が丈夫なのは、身体の外側だけってイメージかな。外側からの物理的打撃攻撃にのみ強いけれど、それ以外はだめみたいなw

女性は反対に、身体の外側は男性よりも弱くても中身は強いよね。

そんな、実はへっぽこなところもある男性が価値を見出す女性ってのはね、「男の弱さ」「男のがんばり」に気づける女性よ。

前置きが長かったんだけど、お母さんってさ、自分の子供の性格をよくわかっているから、その子が頑張ったことに対して「がんばったねー☆」って言ってくれたり、話題にしてくれるじゃん？

そして、それによって子供はまた頑張るって図式あるあるでしょう。あなたにもその要素がほしいのよ。男性がまた頑張れるように。

おバカな男でもおバカなりに懸命に考えていたり、頑張っていることって多々あるのに、悲しいかなそこに気づけずにスルーしてしまっている女性が多いの（その気持ちはわからんでもないけどね）。

だけれども、ここでその男性の力を入れたポイントに気がつけて、それを指摘できる女性ってのはね、その男性の行動すべてがその瞬間肯定されるから、男性の心が動いてしまうんだよね。

だから、そんな女性は男性の記憶に残るし、男性が忘れられなくなるし、また会いたくなる。

おまけにそんな女性に認められたい、その女性の喜んだ顔が見たい、と男性が結果的にその女性に尽くしたくなるんだよね。

◯魅力的な女とは？

「価値のある女性」と「魅力的な女性」って違うんだけれども、わかりやすく言うと「結婚向きな女性」と「恋愛向きな女性」の差がこれよ。

男性は価値のある女性と結婚したがるし、恋愛は魅力的な女性としたがる。

この二つってね、どちらにしかなれないわけでなくて実は共存できるのよ。

男性にとっての魅力的な女性とは、ボンッキュッボンの雌ではなく（これはただの性の対象）自分を「男である」と自覚させてくれる女性。

男性が「ほっとけない」とか「守りたくなる」とか言うのも、その存在によって自分が「男である」（必要な存在である）と思えるから、相手のことを無下にできないんだよね。

気をつけてほしいのが、この場面だけを切り取ったバカは「女はバカじゃないとモテない」とか「女は男より偉くなってはいけない」とか「男より収入があってはいけない」とか、極端な発想をするんだけれど、論点はそこではなくて、**二人の関係性においてどれだけ男性が自分が男であると自覚し、それを誇らしく思えるか？　なんだよ。**


「女がバカ」

「女がバイト」

「女が稼げない」

ここに魅力を感じる男って……人としても男としてもやばいでしょ。


男を立てるためにお会計を払わせるとか、男に荷物を持たせるとか、「男女」ってものを凶器にしてしまうと、途端に相手は引きます（この勘違いをしている女性も多いなー）。

これを男女逆転して言うと、

「女なんだから、いつもばっちりメイクでおしとやかにしているのが当然！」

「女はでしゃばってはいけない！」

「女が一人で外食するのは、はしたない！」

みたいなことだからね？


でも、女性は知らずに男女逆差別をしてしまっているのよ……。

「男なんだから、これぐらいできるでしょう？☆」

「身体が大きいんだから、このくらい食べるでしょう？☆」

「ここは、男がやるところでしょ！」

って、よく言っている人がいるけれど、これ、男女逆差別です…。


勝手な憶測で男性ってこうでしょ！　って押し付けるのはダメ、絶対。「性」を凶器にするのはもっとダメよ。

○女性の役割

陰と陽。光と影。月と太陽。水と油。男と女。

世の中にはなんでも対極になるものがあり、これはどっちがいいとかわるいの世界ではないいんだけれども、それぞれがそれぞれの役割を果たしてこそ「二つでひとつの形」って生まれるし、成り立つ。

これって結局何かというとね、その間に生まれる「選択肢」「活動の幅」「余韻」「空間」「情緒」「遊び」が大事で、ここに価値があるんだよ。だから対極のものには甲乙つけられないし、どちらも成り立つために必要なの。

ちょっと小難しくなるから簡単に言うと、男と女って違うものなのに一緒に居られるのはなんで？　なんのために二人はくっつくの？　というと、子孫を残すため。次世代へ、自分たちが得たものを繋いで伝えていくためでしょう？

人や動物が進化を繰り返してきたのも、変化していく環境に適するためでもあるし、より最適化を選択した結果なんだよね。

人間がわざわざ男女に分かれているのも、より細かく情報収集したり、遺伝子を強くしていくためでもあるし、だからこそ男女っていうものは、お互いがそれだけでも惹かれ合うようになっているんだけども、男女でいう女性の役割っていうのは、防

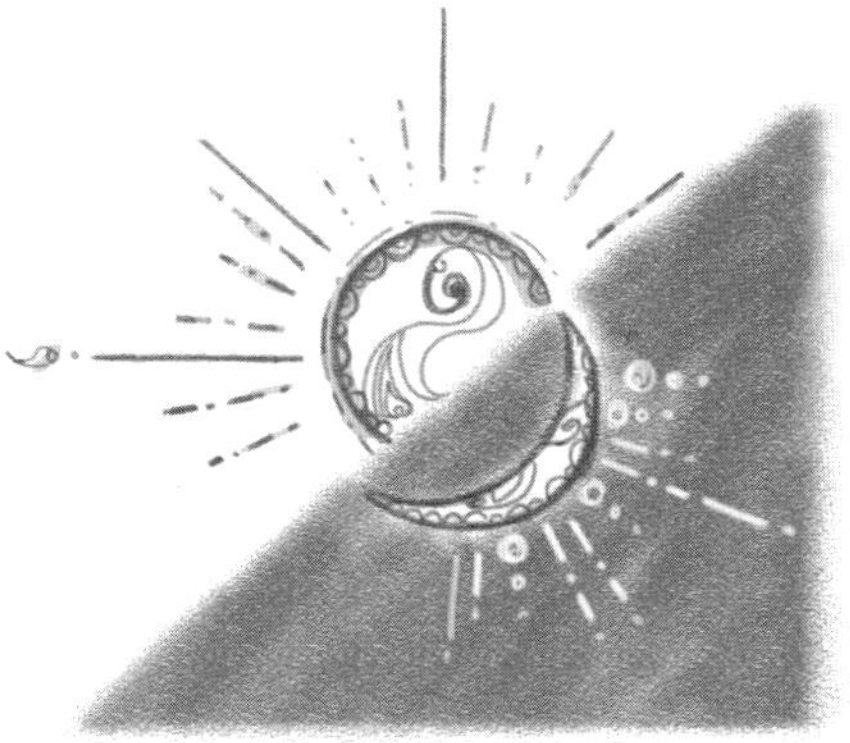

御、充実、横への動き。男性の役割ってのは、攻撃、発展、縦への動きなの。

ちょっと前なら、「女性」ってだけでチヤホヤされる環境があったし、今でも女性が少ない職場や環境ならば、「女性」なだけで男性から声がかかるだろうけども、じゃあ女性として大切に扱ってもらえるか？　というと、答えはＮＯ。

男性社会の中にいる数少ない女性だと、単純に男性同士の競い合いの景品（とはいえこれには価値がない）にされたり、弱そうな立場から男性にパワハラされたり、逆に裏で嬢王様を楽しむタイプもいるけれど、女性の役割を自分の中にインストールできていない人で幸せそうな人って、見たことがないんだよね。

恋愛下手な女性って、
・女性要素を拗らせているか
・男性要素を拗らせているか
・その両方がおかしくなっている

このどれかなんだけど、女性はまずは自分が「女性であり、影響力のある人間である」と自覚することから始めてほしい。

女性の一番の役割って、今は受け入れなくてもいいし、受け止めなくてもいいけれど、「あ、そうなんだね☆」とワンクッション理解を示すことだと思う。

自分の人生の舵を男性に任せっきりとか、男性を支配下に置いている女性ってつまらなくて、自分の人生に自分で責任を持ちつつ、他者を拒絶しないこと（受け入れろとは言ってません）。

この冷たさとも言える割り切りと愛を兼ね備えた女性ってのが生み出す余白は、半端ないと思う。

愛が執着になると重いし、かと言って薄情になりすぎても困るんだけれども「あ、そうなんだね☆　どれどれ？　面白そうではないか？☆」ってスタンスがとれる女性がいると、男性はいろんなことにやりがいをもてやすくなるよね。

ここに自分をかしこく置けるのが女性の役割であり、女性の深みであり、長所よね。

○男気を引き出せる女性とは？

さっき、世の中のものには対（つい）になるものがあるって言ったんだけれど、一方が自分の役割を果たし、自分のフィールドを示せば、もう一方はそれに習うようにして動き出すの。

これがバランスであり、凸凹であり影響し合うってことなんだけれど、怒る人がいると怒られる人が生まれるし、落ち込んでいる人がいると励ます人が出てくるように、男性からの男気が自分に欲しかったら男気を出させればいいわけで、その方法っては厳密に言えばその男性によって違うんだけど、一つ言えるのが自分の「感度」をあげることなのね。

この感度とは、男性が普段から自分に対してしてくれること、投げかけてくる言葉、すべてに対する感度。

自分の感度を高めて「反応」としてそれを返すと、男性はその「反応」がほしくてまたいろいろしてくるもんなんだよ。

男性が尽くしたくなる女性ってね、その男性にとっての嬉しい反応を返すのがうまいの。

男性にとっての尽くしがいのある女性になると、必然的に男性の男気も上がってくるんだよね。

フェミニストだから女性に優しいのではなくて、その女性だから、その女性に対してフェミニストになってしまったってのが正解で、男性から引き出せる良い女性よ。

Point

男性が影響を受ける女性は「母親」と「今好きな女性」だけ。

男性の心が動くのは力を入れた所に気づいて、指摘してくれる女性。

男性にとって魅力的な女性は、「男である」と自覚させてくれる女性。

自分は「女性であり、影響力のある人間」と自覚することが大切。

男性が尽くしたくなるのは、男性にとって嬉しい反応を返す女性。

Chap 07

時代の変化による恋愛観の移り変わり

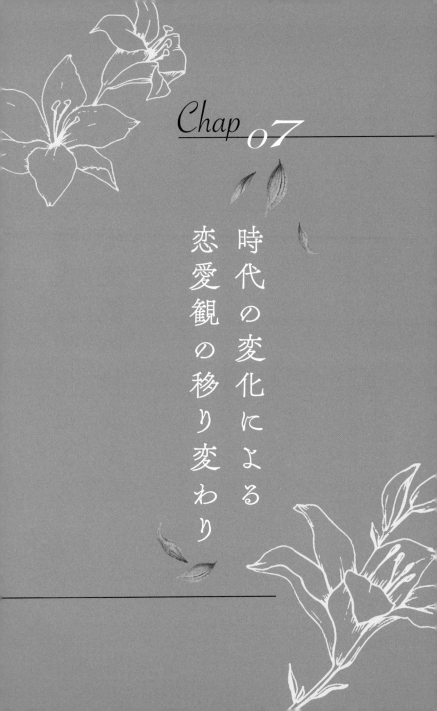

Chap 07

時代の変化による恋愛観の移り変わり

○両親を恋愛のお手本にはしない

唐突だけど、あなたの恋愛のお手本ってどこにある??

ＳＮＳ時代だから恋愛のお手本はインスタかもしれないし、ツイッターかもしれないし、はたまた昔読んだ恋愛マンガかもしれないね。

何かのろけ話を知っては「いいな～☆　自分もあんな恋愛がしたいなぁ」とか「自分もこんな彼氏がほしいなぁ☆」って思うのは素敵なことだし、いろんな人がいるよ

うにいろんな恋愛の形があるものだけれどもね、

唯一恋愛のお手本にしてはいけないのが「両親の夫婦関係」よ。

中にはもちろん仲睦まじいご夫婦もいらっしゃるとは思うけれどね、じゃあその恋愛の形があなたにも合うのか？　というとそうじゃないのよ。だから人間関係は難しい。

だって、**お母様とあなたは違う人間であり、似ていたとしても異なる感性を持っているから、お母様の幸せや居心地のよい状態が、あなたにも当てはまり切るかというとそうじゃないんだよね。**

それと、両親の恋愛をお手本にしてはいけない理由がもう一つ。

それは、親世代の〝時代〟（世の中）と、我々の時代が違うこと。

私の年齢は現在30歳半ばで、私の親の年齢は50歳半ばあたり。
この親年代の恋愛関係の図式といえば、まだまだ女性は家庭に入り、家庭を守る。男性は外で稼いでくるってところが多かったと思うし、あなたが小さい頃、〈お家にお母さんがいる〉っていうところも多かったんじゃないのかな？　と思うの。

女性の社会進出が今ほど活発じゃなかったっていうのもあるし、バブルがはじけた後とはいえ、今よりも男性のお給料が多かった時代であり、男女の役割がある意味明確だったのね（男は外。女は内）。

でも、今の時代ってさ、入籍後も共働きせざるを得ない社会背景があるじゃない？
もちろん子供が小さい頃はお仕事を休みたいとか、結婚したら寿退社したいっていうのはあるだろうし、それをできることならさせてあげたいと思っている男性も多いんだけどね、そうはいっても現実問題「お金」が厳しいってのはあるじゃない??

だからね、「玉の輿」や「寿退社」「だってうちはお母さんは家にいたもん！」という理想の〝押し付け〟をしてしまわないように、自分の親世代の恋愛背景と、自分たちのそれは状況が違うってことを、よ～～く頭に入れておいてほしいの。

だから当然、告白の習わしや、デートの習わしも違うし、自分のお父さんとお母さんをみて「父（男）ってこうなんだ」「母（女）はこうなんだ」とも思いすぎないほうがいい。

家の中でお父さんのほうが強いとか、お母さんのほうが強いとかあるかもしれないし、ないかもしれないけれども、それはあなたのご両親がそうなだけであって、男女関係において「〇〇はこうあるべき」っていう刷り込みをしてほしくないんだよね。

っていうのもね、私自身が自分の祖母や母が言うこと・しているそれを正しいと受け入れられなかったんだよね。だって感性が違うから。

男性を立てて、男性におとなしくついていくタイプじゃない私は、夫婦喧嘩や意見が割れた時の祖父祖母や父母をみて「なんでいつもおばあちゃんは仕方ないって言えるんだろう」「なんでお母さんは、そっか、って言えるんだろう」って謎で仕方なかったのね。

だって彼女たちは裏で愚痴を言っていたからねw

世間の暗黙の了解、最終的決断は「男」。今でもこれに納得いっていないのよ、私は。だってこれってさ、女性側の責任逃れでもあるし、自分の意見が反映されていないのも嫌だもん。

私の親とは違って、家の中でお母さんの影響力のほうが大きいところもあると思うけど、そんな人はさ、「最終的にはお父さんは折れるもの」とか思ってるかもしれないし、そうじゃないかもしれないけどね、

「二人の関係性においてどちらかが絶対強者」こんな関係は、今の時代は即破滅するよ。

親時代の時にはいい意味でも悪い意味でも、なにかあってもそこへすがるしかない部分があったから、多少ゴタゴタしても乗り越えられていたことが、男女ともに同じような経済力があって、スマホでいつでも誰とでも気軽に繋がれて情報取集できる現代では、

「お父さんは言い出したら聞かないから（私が我慢するしかないの）」

とか、

「お母さんがこういってるからな（うるさいから黙っとこう）」

っていう〝忍耐〟がない人が多い。

だから、みんなある意味簡単に離婚する。だって離婚したって生きていけるもん。

異性がたくさんいる中で、その人にこだわる必要もないしね。

「相手のことが嫌だ嫌だ嫌だ嫌だ」って自分が思ってしまうと、その関係性を維持するのが難しいように、自分はただ甘えているつもりでも知らず知らずに相手に負担をかけているケースってのが現代では起こりやすいんだよね。

っていうのも、今の時代は気軽に他人の恋愛を覗けるから。

だから他人の恋愛と自分を比べて凹んだり、両親の関係性を思い出して自分の感情に蓋をしたり、他者へ見栄をはるために我慢して関係性を維持したりもする。

でもさ、こんな恋愛に「満たされる」ことはできるのかな??

私はできないと思う。世間の憧れる恋愛とか、親の望む恋愛とか、ハッキリいってどうでもいい。

私は私の人生を生きるし、これを読んでいるあなたも「あなたの理想の人生」を生きるべきだと思う。

「女はおとなしく男をたてるもの?…?…?…」
「女はおしとやかに?…?…」

なら、こっちが自然と立てたくなる男、自然とおしとやかになってしまう魅力の高い男を持ってこい！　って本気で思うし、女性は時代の変化に順応して仕事もするわ、女子力もあげるわ、気遣いもして、すべてのやるべき基準をあげたのに対して、今の時代の男性ってね、親世代が若かった頃の男性たちと比べて……どうなの？w

昔はね、スマホもなくて、情報だって気軽に得られていたわけじゃなかったから、その分自分たちで行動していくしかなかったから、行動的な男性が多かったけれど、今の男性って男特有のおバカはそのままに、さらにチキン要素とだらけ要素まで助長されているからお手上げよ。だからこそ、男性よりも優れている女性が増えたの（ここでも対〈つい〉の関係があるよね）。

これはね、男性はシングルタスク。女性はマルチタスク。だからある意味仕方ない。

脳の使い方が違うからね。

だから、親世代の恋愛観は今の時代の恋愛にはそぐわないし、昔の男女関係と価値観をそのまま我々世代におろしてくるのも無理がある。おまけに親の性格とあなたの性格が同じとも限らないしね。

もっと言うとね、**男性にどんな女性が好きですか？　と尋ねると、「芯があって自分の意見をハッキリ言える人」って結構な割合で返されるのよ。**

ほら。ここでも男性性の強い、意思をしっかりと持った女性が支持されているの。だからね、もし、親世代や会社のジジババから「女なんだからウンタラコウタラ〜」って言われて嫌な思いをしていたらね、そんなの気にしなくていい。

大丈夫。
しおらしいだけが女じゃない。
強い女がモテないわけでもない。

私が運営している**ヒビコイ**に来てくれる女性はみんな私のように意見強め、正義感強め、真面目で不器用な人が多いけれど、みーーーーーんな簡単にモテるようになって巣立っていくからね。

だからね、男性になにかされて自分が納得いかない‼　って思うのならば、納得いくまで話し合える自分になってほしいし、その関係性を築ける人になってほしいな。

最終的に、結果としてどちらかが折れることになっても、そこにシコリが残らないように気をつけてね。

◯メディアの脅威

一昔前だと、メディアといえば「テレビ」「ラジオ」「雑誌」なんかだったけれど、今ってね「YouTube」「SNS」「ブログ」「スマホ」等と、情報源って探しさえすればいくらでもあるよね。

これってね、「恋愛」においては弊害のほうが大きいと思う。

もちろん、マッチングアプリの普及によって普段知り合えない人と親しくなれるとか、ＳＮＳによって気軽にネットスターの私生活を見られたりコメントをもらえたりってこともあるだろうけどね、自由の範囲が広い分〝自分〟というものが迷子になりやすいんだよ。

流行ってあるでしょう⁇
ファッションの流行、メイクの流行、スイーツの流行もあれば、俳優・女優の流行もある。
こうなるとね、これらを見ている人って自分が何者かわからなくなるの。

とくに、女性は自信が持てない人が多いから、足りない自信をメイクやファッションなんかで補って自分を造っているわけだけれども、それって簡単に壊れるのよ。

好きな人の「あ、この子かわいい」って一言で。

それまで一生懸命自分なりに頑張っておしゃれしてきた人ほど、この一言が刺さると思うんだけどもね、女性にとってメディアとは、自分の可能性を教えてくれるものでもあり、自分を惑わせるものでもあるし、恋愛という観点では「もっといい人がいるはず」とか「どいつもパッとしねぇな」と思ってしまう要因のひとつなんだよね。

だってさ、マッチングアプリに登録したことがある人はわかると思うんだけど、登録した瞬間から男性陣からブワーーーッと連絡がくるじゃん⁇

最初は当然、自分がモテている気がして嬉しいんだけれども、その連絡を送ってくれている人の顔をじっくり見てみると、

・チビ
・ハゲ
・チャラそう
・馬鹿そう

・幸薄そう

な人ばっかりだったりするし、数が多い分どうしても自分の好み……というよりは、その中で一番「まともそうな人」、一番「誠実そうな人」を選んだりする（顔とか文面だけで判断するって難しいんだけれども、そうしないと連絡してきた全員とはやりとりできないもんね）。

でもさ、自分がこの中で一番良さそうな人を選んだにもかかわらず、音信不通になったり、会ってみたら別人が来たりするとねぇ……。

凹むよねぇ……。

しかもさ、自分（女性）が気軽に出会えるってことは、気軽じゃないにしても男性も不特定多数の人と出会えるってわけで、いいのか悪いのかって感じだけど、自由度が高いものほど扱いが難しいね。よって、メディアとうまく付き合っていくっていうのもこれからの世代の課題。

おまけに一度でもインターネットに出てしまったものって消すに消せないことがあるし、事件にならなくとも恋人関係での火種になることもあるので、もし今「自分のSNSやばいかも！」と思う人がいたら、みられてもいい状態のSNSにして、自分がどこから情報を得るか？ も、迷っている時ほどよ〜く吟味してみてね。

○世間のフィクションに惑わされない

ちょっと「浮気」から外れた話題をふっていたんだけどね、**自分がしんどい時って余計な情報は入れずに、一人で自分で自分の感情としっかり向き合ったほうがいいの。そうすると早く立ち直れるから。**

自分が一番傷ついて殻にこもっている状態の時って、何を聞いても何をみても受け入れられないと思うのよね。だって、誰かが話を聞いてくれてもその人と自分は違うから。

そんなときは世間の美談とか、惚気を連発している人たちのことは見に行かなくていい。自分から余計に傷つきにいくことはやめてね。

「あいつらは全部フィクションだ」と思って、しんどい時には存分にその辛い思いに身を委ね切ったほうがいい。

そしたらね、そのうち飽きるからw

そしてちょっと飽きて、感情に余裕が出てきたら、自分の好きなことをすればいいし、なにか熱中できることをするのもいい。私はこのとき、ちょっと危なくもあるんだけども自分が持っているカラーストーンの効能や花言葉について調べてたw

その時はなにかお守りが欲しかったんだろうね。すがれる人がいなかったから「私は大丈夫だ」ってどこかで必死に思いたかったんだよね。それが石や花相手だったわけだけれども、そっちに依存してしまうとそれはそれで大変なことになるので、ハマりすぎだけは気をつけてね。

あくまで気分転換の対象は「補助的なもの」であって、自律と自立をしないことには、満たされる恋愛なんてできないからね。

もしまだ辛かったら、お休みするのはいいんだけれども逃げることだけはしないで、自分をしっかりと持ってね。

あなたの理想の恋愛。理想の人生。これだけは見失わないでね。

◯男の心理

やらかしたおバカな男の心理など、なぜ考えねばならぬ！　と思うけれど、まだその人のことが忘れられないのなら仕方ないよね。

男の心理ってね、極論だけどシンプルにいうと「自分の力を誇示したい」のよ。
たったこれだけ。

簡単にいうと「俺、すげぇ☆」
これを実感したいがために、いろんなことに取り組んでいるの。

だから浮気したのも、女遊びしたいのも、いい女性と付き合いたがるのも、いい車だったり、時計、スーツ、靴だとか、なんでもいいけど、なにかよくわからないこだわりに執着しているのは、彼が自分で自分に「俺、すげぇ☆」って言いたいし、他人からも「しゅごい！☆」って言ってもらいたいからなんだよね。

だから、男は見栄の生き物だと言われているし、おバカだし、自分の大切にしているものをコケにされるとすぐ拗ねるし、すぐに閉じこもる。

男性が女性を守ろうとするのも、自分のお眼鏡にかない、自分が一目置いている女神から「頼られる俺、すげぇ☆」なの。だから守るの。

女性からするとバカみたいなんだけれど、男の大半は「俺、すげぇ☆」に命をかけているの。

ってことはだね、

男性の気持ちや関心を自分のものにしたかったら、
「○○くん、すっご〜い☆」って褒めるのではなくて、
「○○くんならできるよ☆」とか励まし煽てるのでもなくて、
まずは〈彼が一目置く女性になる〉のがすべてなの。

だって、自分がどうでもいいと思っている相手から、どれだけ褒められようとおだてられようとも「ふん。当たり前だし」で終わっちゃうから、後に続かないんだよね。

○過去・未来に生きずに今を生きる

ねぇ、今の気分はどう？
ちょっとは楽になってきたかな⁇

まだまだしんどいだろうし、まだまだふとしたことで涙が出てしまうこともあると思うけどね、そろそろ次の段階へ一緒に行こう。

自分の感情は痛いほど感じたよね？
大まかな浮気理由もわかった。男がおバカなのもわかった。
魅力のある女性とは？
女性が覚醒する必要性もわかったらね、次の段階は、自分の意識を〝今〟に持ってくることだよ。

問題が勃発してしまった過去に囚われてはいけないし、実現するかもわからない未来に不安を抱いていても仕方ないんだよ。


「また浮気されるかも……」

「まだ、浮気したことが許せない」


こんな気持ちすっごくわかるよ。

だって、ほぼ毎日結婚したい、婚約指輪を贈りたいって言われて、結婚前提の同棲をスタートしたばっかりの時に浮気が発覚したから。

その後の地獄の誕生日（私の二人で初めて過ごした自分の誕生日の記憶ってラーメンなんだけど……ケーキなかったし）。

浮気フラッシュバックにより、クリスマス感の薄かったクリスマス……。

初めての二人のお正月だって、ラブラブだから二人で過ごしたんではなくて、浮気の心配からの二人のお正月だったし、なんなら初バレンタインでも、もめちゃった……。

こんなのしたくないよね。
こんなはずじゃないんだよ。

本当はさっさとこんな問題を乗り越えて、楽しいことをしたいから一緒にいるんだし、二人で乗り越えようって思ったのに、どれもこれも自分の意識が〝今〟にないから起こっている問題なんだよね。

こうなってくると、これはもう彼の問題ではなく、された側の問題だよ。

浮気されて悲しくて苦しくて惨めな思いをたくさん感じたのに、なんでまだ苦しめられなきゃいけないのか？　涙を流さないといけないのか？　っていうとね、感情が昇華しきれていないのもあるけれども、それよりも意識が〝今〟にないからだよ。

二人の〝今〟を怖くてもちゃんと見なきゃ、新しい未来なんて来ないんだよ。

「赦す」とか「手放す」なんてまだまだ日も浅くって難しいけどね、今を生きることはしてもいいいんじゃないのかな?

だってさ、そうしないとおもしろくないじゃない。

二人でまた仲良くやっていきたいのに、どちらかが泣いてたり、信じられなかったり、信じてもらえなかったり、過ぎてしまったどうしようもないことを何回も掘り出されたり、こんなの楽しくないじゃない。

こんな面白くないことの延長上に、ラブラブな毎日があるわけないからね。

だからどこかで必ず〝今〟を生きなきゃ。

そこから〝今〟を生き続けられたら、いつか「あのクソボケ浮気したんだよねｗ」って笑いながら言える日が来ると思うよ。

だってさ、自分のおばあちゃんに聞いてみてよ。ないかもしれないけれどおじいちゃんの女問題……あったと思うよｗ　けど、おばあちゃんはそこに今も執着しまくって、ワンワン泣いてる⁇

泣いていないでしょう？
乗り越えているでしょう⁇

日々が忙しすぎてそこに構っていられなかったのかもしれないし、男とはそういうもんだって割り切れる強さという冷たさがあったのかもしれないし、なんなのかわかんないけどさ、人ってね、強いんだよ。

悲しくて悲しくて消したい過去でも、純度１００パーセントでいつまでもそれを記憶していられる人なんていないのよ（いるとしたら、別の悲しかったことをくっつけ続けてそこに執着している暇人だな）。そして、もはやそれはただの別問題w

自分の幸せを優先したらね、いつまでもしんどいところに我が身を置いておくのはそれこそバカのすることよ。
だからそろそろ次の段階へ行こう。

大丈夫。あなたは愛されるから。

Point

「両親の夫婦関係」をお手本にしないこと。

自分がしんどい時は余計な情報は入れず、自分の感情としっかり向き合う。

男性の関心を向けたかったら、その人が一目置く女性になる。

過去・未来に生きずに今を生き続けられたら、いつか「あのクソボケ浮気したんだよねw」って笑える日が来る。

Chap 08

そもそも浮気は治るのか？

Chap 08

そもそも浮気は治るのか？

○恋愛は総合格闘技

「浮気は治るのか否か」

その、気になる答えをズバッと言っちゃうね。

Q.「浮気は治りますか??」

A.「相手の女性（あなた）による」

以上。

「え〜〜〜!!」って思うと思うんだけどね、浮気心がない男なんてこの世にいないのよ。

だって男性の性って、ばら撒けるようになっているからね。

仕事ができる男性ほど女好きってのもそれだけど、女好きだからこそ仕事ができるってのもあるの。

男はみーーーーんな浮気心はあるの。絶対。

でも、それを行動に移すかどうかは「理性」が働く領域であり、その時のパートナーによるんだよね。

パートナーに嫌われたくない！　パートナーにいなくなられては困る!!

と心底思っていたら、浮気したいという好奇心よりも、好きな人を失う恐怖のほうが勝って浮気はしないでしょう。

しかし、さすがおバカな男どもなんだけれど、「バレなければいい」って考えるやつもいるんだよね。

その他だとパートナーのことを軽んじていたり、二人の関係性によっては、「こんな俺だって知ってて付き合ってるんだろ?」って殿様ぶっている輩もいるでしょう。

でもさ、こんなアホ猿どもでも、自分が一目置いている女神様がパートナーだったり、浮気がバレて心底反省をしたらね、「人間」に戻る可能性があるんだよ。

逆に言えば、今まで浮気をしていなかった真面目で一途な男が、パートナーが変わった瞬間浮気をすることだってある(元カノ女神信仰の人とかそうだよね。元カノを崇めすぎていて、今カノに本気になれないとかほざく人結構いるからね)。

じゃあどうすれば、彼が一目置く女神になれるのか？　というと、

女性が覚醒し、成長するしかないのよ。

恋愛ってね、無差別級・総合格闘技だと思うんだけど、
「いい子」なだけじゃ足りないし、
「美人・可愛い」だけでもいけないし、
「OPPAI」がデカければいいってもんでもないし、
「気が利く」ってだけでもいけないの。

いい子選手権、美人・可愛い子選手権、ボディライン選手権、気遣い選手権、これらたくさんある「〇〇選手権」で常に上位に食い込みつつ、男性の「俺、すげぇ☆」をベストタイミングで称賛できたり、彼の陰の頑張りに気づける人が恋愛における強者であり、女神になりうる女性なの。

こう書くと、女神化するのってすごく大変なことのようだけど、安心してね。

これらにはコツがあって、とっても簡単だから**（恋愛市場において20代後半女性は人気がないと言われているんだけれど、私のところに来てくれる生徒さんたちは30代以降が激モテしていますからね。男性のポイントと自分の切り替えさえできれば、何歳からでも女神化可能だから、少しずつ自分の意識を切り替えていってくださいね）。**

◯彼を覚醒させる

男の人って頼られると嬉しい、って聞いたことあるでしょう??

男の人ってね、ヒーロー願望があるんだと思うの。

二人の間に何か問題が起こった時っていうのは、二人の関係性を大きく変える大チャンス。

浮気をされて、自分が傷ついたとはいえ、男性が反省の色を示しているのならば、こんな好都合は二度とないんだよねw
だって、今なら普段飲み込めないことでも、彼自身が負い目を感じているから飲んでくれやすいんだもん。

とはいえ、常識の範囲内にしないと彼が潰れるので気をつけて欲しいんだけど、ここで彼の成長欲求に火をつければ、彼としても変化しやすいしそのことを受け入れやすいの。

浮気をされた女性側から、自分の不安を埋めるためにアレしてコレして約束して！っていうのは簡単だけどさ、それって男性からすると悪いことをしたのは自分だけれど「押し付けられた」って逆恨みに発展する可能性があるんだよね。

男性覚醒時に大切なのは、女性側が押し付けたのではなく、自らの意思でそうした

と上手に思い込んでもらうことよ。

告白だって、プロポーズだってそうなんだけど、女性側からするよりも男性側の気持ちを高めて男性側から行動してもらったほうが、男ってのは自分の行動に責任を持とうとするの。

この「責任感」ってね、女性よりも男性のほうが強いよ。

だからこそ押しつけたり、押さえつけるのではなく、彼の状態と意識を尊重した上で、彼の良心をチクチクやりつつ自分のいい方向へ誘導すれば、彼は自分から心を入れ直そうとするものよ。

これを上手に実現するには、自分の自律が不可欠だから、頑張って自分を保ってね。

○ルールの取り決めかた

ちょっと、今から危険なことを伝えようと思うんだけどね。

ルールを決めるときにはね、なぜそれをする必要があるのか？　の、〝刷り込み〟を上手にしてほしいの。

っていうのも、「たんなる約束」って時間が経てばただの縛りや足かせになってしんどくなるものなんだけど、そこに正当な理由があれば、同じことでもしんどく感じるどころか、「これをやってる俺、すげぇ☆」って思わせることができるの。

ルールの内容はね、二人の関係性や二人の恋愛スタイルによるから、一概にこれがいい！　こうさせなよ！　とは言えないんだけど、

彼を罰するものではなく、自分自身が「こうだったら安心できる」ってものをルールにしてほしいの。

私が、私のことを大切にしてくれていることを実感できるように彼にお願いしたのって一つなんだけどね、それは「毎月2回お花をプレゼントすること。そしてそのお花は出来上がったブーケではなく、毎回彼が自分で選ぶこと」をお願いしたの。

っていうのもね、泣いて塞ぎ込んでた時ってすべてのものが灰色に見えて、食欲もわかないし、吐くし、大変だったんだよね。

その中で綺麗なお花っていうのは、視界に華やかに入ってくるのはもちろんなんだけど、枯れてくれるのよw

この「枯れる」とは、「変化を見せてくれる（時間の流れを感じさせてくれる）」ってことなんだけど、これが私にはすごくよかった。

もともとお花が好きっていうのもあるし、うちにある花瓶は小さめのものが多くて一回のお花代金も1000円以内で収まる。彼への経済的負担も少ない。

そして、そのお花が綺麗なうちは次のものは必要ないから、実質月2000円で彼は私の笑顔を買えるわけw

浮気に費やすお金と比べたら、月2000円ってどちゃくそ安いよね。だから継続もできる（これができないっていうと流石にぶっとばしてやる）。

でもね、これもお花が欲しいっていうよりは、最初は彼が私との約束を「行動」「時間」「お金」を使っていつまで守ってくれるのかな？　どんなふうに実行してくれるのかな？　っていうのが見たかったんだよね。

「行動」するってね、しんどいですよ。
「時間」だってね、好きに使いたいじゃない？
「お金」だって、無意味なことには100円でも惜しいって思うものでしょう⁇

「行動」「時間」「お金」この3セットを使える対象ってね、自分の興味のあるものや大切なものだけなんだよね。

そして、何かしたいと思えば、これらを使わないと実行できないっていうのもある。

ちょっと前だとね、これらのうちの一つを抑えてしまえば浮気はしにくかったの。マメじゃないと浮気相手が見つからないし、時間がないと浮気ができないし、お金も浮気には必要じゃん??

でも、世の中の変動のおかげで、マメさがなくても女の子が調達できるようになっちゃったし、時間だってお互いの需要が合えばそんなにいらないし、お金だってワリカンならそんなにお財布にダメージがないんだよね……(悲しい……)。

浮気をされるってことは、その相手になるメスがいるってことで、そいつらには一生愛されない呪いをかけたいところだけども、そんなことしなくても「この世の中には割り切ってそういう行為をする男がいることや、自分のような女がいる」って事実を身を以て体験しているからこそ、その人は自分が本当に失いたくない人が現れたときに自分の過去の行動によって自ら苦しむんだと思うよ。↑願わくばそれが発端となり、無事に破局して心底因果応報だと反省しまくってくれるとありがたい。そして来世があればその時にピュアラブをしてください。

ちょっと話がそれただけど、

「行動」「時間」「お金」の中でもとくに、『行動』『時間』を自分に使ってくれる男性は大事にしたほうがいいし、自分のことを大事にしてもらいたい人は、男性がこれらを自分に対して使ってくれたときにはとびっきりの〝ご褒美〟を彼に即座に与えてくださいね。

○男が忘れられない女性とは

女は上書き保存、男は個別保存っていうでしょう??

その中でも、とくに男性が忘れられない女性っていうのは、その男性の人生の核の部分に一瞬でも深く入り込んだ女性。

この女性は、その男性の中では別格の存在になります。

つまり、その男性に影響という名の衝撃を与えた女性ね（いい意味で）。

っていうのもね、他人の上っ面しか見ていない女性が多いのよ。

だから、**男性の内面に気づけるだけでも男性は喜ぶし、男性の「俺、すげぇ☆」を刺激でき、ポテンシャルを引き出せる女性ってのはそのさらに上に行くの。**

こういう女性が、男性が忘れられない女性になる。

男性にとってこのような体験は嬉しい記憶に残るのはもちろん、相手に対する感謝だったり、この人はすごい！　という強い感動として残り、忘れたくても忘れられないし、その女性に何かあった時には何時でもどこでも助けに行きたい、と思ってもらえる存在にだってなっちゃう。

人はメンタルな生き物ゆえに、その大切なメンタルが強化されたり、反対に侵されることに敏感なのよ（動物要素の強い〔運がいい〕男性はとくにね）。おまけに男性の成長欲求や使命感も刺激しながら「俺、すげぇ☆」を何度も感じさせてあげたり、気づかせてあげることができたら…。それはそれは男性から崇められ、重宝され続けるでしょう。

だって男性は女性とは違い、「推し」をなかなか変えないからねぇ。

◯変化を受け入れる

もう一度問うけれど浮気をされた事実を引きずったまま、ラブラブできると思う？

浮気をされた私と、浮気をした彼。

被害者と加害者とも言えるこの関係でさ、ラブラブするのって難しくない？？？

「浮気」はそう簡単に許せるものではないし、今後の信用問題に関わることだから根が深いことであることもわかるけれど、最初に話を戻すと、

あなたの幸せに彼が必要なら「変化」は受け入れるしかないの。それもできるだけ早く。

変化とは、浮気をされた事実とそこから進んでいく様子ね。

変化なくして、あなたの理想には到達できないんだからね。

Chap 08

Point

男性の浮気をやめさせるには、
女性が覚醒し成長するしかない。

二人の間に何か問題が起こった時は、
関係性を大きく変える大チャンス。

男性覚醒時に大切なのは、
自らの意思でしたと思い込んでもらうこと。

ルールの取り決めかたは、
罰するのではなく自分が安心できることにする。

Chap 09

うっとおしいほど愛される方法

Chap 09

うっとおしいほど愛される方法

○男女の愛情の違いとは？

自分が本当に彼から愛されているのか不安になった時こそ、思い出してほしいことがあるの。

それは、男女では愛の形も違えば、愛情の出し方も違うということ。

女性は、誰かを愛するとその人をサポートしたいって思うよね。いわゆる尽くしたがるし「おせっかい」をやきたくなる。

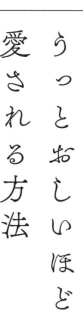

もっとわかりやすくいうと、彼のマネージャーのように食事の内容から生活全般のことに関わったり、彼の心配をしたくなる人が多いと思うんだけど、それがそもそも愛ではなくて実はエゴなんだよねw

「彼の生活の一部になって必要とされたい」

「彼にとって欠かせない存在になりたい」

というエゴが働いて、彼の「お母さん」役をやってしまっている人が多いの。

「お母さん」はあくまでお母さんであり、恋愛の対象じゃないんだけどね（苦笑）。


ここを勘違いしたまま、「これが私の愛だ！」って専念すればするほどに、彼のあなたに対する恋愛熱は下がっていくんだよね。そして、行き着く先は「私はこんなにもあなたに尽くしているのに‼」っていう不満爆発w

男性からすれば、「いやいや、頼んでもないのにお前が勝手に好きでやってたことでしょう？　それを俺は言わずに黙って好きにさせていたのに何言を言い出すの？

（驚）」ってことなのよ。

だって男性は、自分の好きな女性に家事をして自分のお世話をしてほしいだなんて思っていないもん。

男性は、好きな女性にこそ、カッコいい自分、できる自分、頼れる自分を見せて、カッコいい自分でいたい！　惚れて欲しい！　俺の力（中身）を見て！　って思ってるんだもん。

世の中の多くの女性が「愛」＝尽くすこと（身の回りのお世話）と勘違いしている前提で話をするとね、女性の愛ってわかりやすいの。

それは、まるでピンヒールのようにスッと一直線に突き刺さるものであり、わき目をふる隙もなく、ピンポイントに一箇所だけを突き刺すようなわかりやすくてするどい愛なの。

一方、男性の愛はね、ものすご〜〜〜〜〜〜〜〜く穏やかで、そこにあるのかないのかわからないぐらい自然とそこに漂っていて、愛がそこにあるというよりは、男性の愛の中に女性がいつの間にか浸かっているイメージなの。

それは心地よすぎて、そのまま眠ってしまいそうになる極上温泉のような感じ（これ伝わるかな??）。

女性の愛はピンポイントにわかりやすく、男性の愛はそこにあるけれど空気のように目には視えないんだよね。

でも、たしかにそこにあるの。

これが客観的にすごくよくわかるのが「美女と野獣」の野獣が、お父さんを心配する美女を城から解放して、塔から見送るシーン。

野獣は自分の命、城に住む者たちの命が消えようとしている中で、自分たちを救ってくれるかもしれない美女と出会い、彼女と心を通わせられはじめた矢先に、その彼女のお父さんがピンチで、「家に帰らなきゃ！」ってなるんだけれど、野獣は自分や城の者の命、やっと感じられ始めた自分の感情を押し殺して、愛する人のことを優先するんだよね。

野獣が、自分たちの背景を美女に話していたら、美女は城に残ったかもしれないのに彼はそれをしなかった。

なんでかというと、ここに男の愛情と見栄とピュアさの美学があるんだと思う。

これがさ、もし男女逆転してたら、美女はヒステリーを起こしながら自分の状態と感情を相手にぶちまけていたと思うんだよねw

それか、煮え切らない態度で城に彼を幽閉する……w（実際そういうこじらせ女子多いよねw）。

男性の愛って、いかなる時も、それによって自分が窮地に陥ったとしても、そんなことは表に出さずに行動できる忍耐力と強さなんだと思う。
これは、好きな女性にしかできないよ。

デート中、女性は何か嫌なことがあったり、相手から思ったことと違うことをされた場面で黙り込む人が多いけれど、男性は〝それ〟をしないんだよね。
男性は嫌なことがあったり、違うことをされたら不機嫌になる前にNOと言うか、代替え案をもってきたり、もしくは自分でやっちゃうタイプ、気にしないタイプが多いの。

普段からそんな男性たちだからこそ、この穏やかで優しすぎる愛の形に、女性はなかなか気づけない。

女性からしたらちょっとしたお願い事であっても、男性からするとそれがものすごく大きな課題ってことは往々にしてあるんだけれど、男性は好きな女性の前では「それキツい」って限界まで言わずにやっちゃうから、男性の優しさは女性になかなか気づいてもらえないんだよね。

その結果、女性は男性からの愛情を感じにくいの。

だって、男性の愛はあまりにも自然だし、男性が愛を出してくれる時の大半は、女性は他に意識がいっているときだからねw

だから男性はね、自分が熱中している時、熱中しているものを軽んじられたり、邪魔されると、その時ばかりは不機嫌になる。

だって男性は、女性が熱中してる時は愛を持って自分を抑えたり、女性をそっとサポートしてるんだもん。

なのに、自分（男性）が熱中したいときにおせっかいを妬いてくるって、ひたすらうざいよw

究極の愛ってね、相手を尊重し、見守ることなんだと思う。

そして、相手がどうなっても、顔を合わせたときに笑顔で接することができることなんだと思う。

この最たるものが、母親が子供にたくさんしていることだよね。

愛は押し付けるものじゃないし、エゴでもない。愛とは相手に安心感を与えて自分たちを豊かにするものだと思うんだよね。

でも、これがなかなか難しい……。

だから大人の恋愛には、自律と自立が不可欠なんだよね。

だって、愛という名のエゴを押し付けてきて「どこいくの？　誰がいるの？　なにするの？」っていう束バッキーサイコ野郎よりも、「なんでも好きなことをしたらいいじゃん☆　楽しんでおいでよ！　帰ってきたら話きかせてね！　チュ♡」って送り出してくれる彼氏のほうがよくない？？？

ってことはね、男性もそうなんだよ。

笑顔で自分を見守ってて、笑顔で受け入れて欲しいのよ。自分がどんな状態であったとしてもね。

◯気がある男の行動とは？

男性が自分に気がある時ってね、わかりやすいのよ。
男性は気になる人ができると、「行動」します。

だから、
・男性が連絡してくる（誘ってこなくても連絡が来る）
・男性がネットで絡んでくる
・男性が声をかけてくる
・男性が、気がつけばいつも近くにいる
これ全部、男性からの好意の表れです。

男性は、女性と違い、コミュニケーションが上手ではありません。もちろんお話上手な人や、愛嬌満載な人もいるけれど、大半の人はそうじゃない。

だから、男性が自分に対して決定的じゃなくてもなにかしらアクションを起こしてくるってことは、ラブじゃなかったとしてもライクがあるのは間違いない。

そうなると、次の問題は、その好意が「人として」なのか「女性として」向けられているのか気になるよね。

ここはね、**その男性が「男を見せようとしているかどうか」で判断ができます。**

男ってやつは、好きな人の前でも「俺、すげぇ☆」をしたがるものなので、カッコつけたがるの。

だから、よく話しかけてくるけれど、いつも愚痴ばかりだったり、だらけてくるし、なにか女性側にあっても我関せず……って状態なのならば、それはライク。

普段はダラダラしていても、どこかしら自分を女性扱いしてくれ、エスコートしてくれる節があり、困ったときには自分の予定を押してでも助けてくれる、ってのならラブ強め。

行動的な男性、おとなしい男性っているけどね、彼がおとなしかったとしても好意って抑えきれないものだから、「あの人は私のことをどう思ってるのかな？」と思ったら、彼のしている行動や、してきたことを振り返ってみてね！

○男性にはお金ではなく○○を使わせよ

好きな人ができると、どうしても自分が大切にされているのかを試したくて、彼が連れて行ってくれるご飯屋さんランクやデートコース、お会計時の行動やプレゼントの金額で、愛情をはかろうとする人がいるんだけどね、そんなのはアテにならないよ。

むしろ、お金なんて使わせなくていいのよ、今はね。

お金を自分に使ってもらってチヤホヤされたいってのなら別だけど、あなたが欲しているのは、彼が本当にあなたのことを大切に扱っているか？　そこに真心はあるのか？　の真偽だよね？

だとしたらね、**相手に使わせるべきはお金ではなくて行動よ。**

例えば、デートの時には、現地集合ではなく、最寄駅待ち合わせでもなく、中間地点待ち合わせでもなく、お迎えor自分寄りのところにきてもらう。

たったこれだけでも、男性からすると「ものすっっごい、めんどくさい」ことなの。

女性からすると「え？」って感じなんだけれど、ちょっと一瞬肩を借りるとか、ちょっと一瞬荷物を持ってもらうとか、家の近くまで送ってもらうとか、男性からするとめんどくさいことを、男性の熱があるときにこそやってもらうの。

男性も、自分の熱が入っている時には、こういうことをやってくれやすいから大チャンスだよ。

そうするとね、**不思議なもんで、男性って自分が「時間」「行動」を費やしたものを大事にしようとするのよね。**

私からすると、男性は行動するのが億劫な生き物ゆえに、自分が行動することに対して、自分を納得させる理由を作っているんだと思うのね（無意識にね）。

だから女性をお迎えに行く場合の男性の脳内は、（お迎えだりぃな）↓（なんで俺こんなことやってんだろ??）↓（○○ちゃんに会いたいからだ♡）。

こんな感じ。

でも、残念ながら人ってのは慣れる生き物なの。
最初はテンションが上がっていた関係でもね、いつかテンションが上がりにくくなったり、飽きてくるものなんだけど（これがマンネリ）、そうさせないように、今のうちから彼を調教する必要があるの。

いっとくけどね、理想の男性は出会うものじゃなくて自分で育成するものだからね。男は女でしか磨かれないから、今の時点でいい男ってのは、過去に他の女にもまれたからいい男なんだよ??

でもさ、他の女の余韻が残ってるとか嫌じゃん。
だから、それを全部自分仕様にあなたが自分で書き換えるんだよ。
そのための一歩が、彼の気がつかない間に彼の意識をコントロールする方法。
その一つが、彼に行動、労力を使わせることね。

お迎え時にマンネリしてくると、彼の脳内はこうなります。

（お迎えだりぃな）↓（なんで俺こんなことやってんだろ⁇）↓（あーーしんどっ）。

こうなってくるとお迎えに来てくれなくなるどころか、デートだって減っていきます。だからここを常に、

（お迎えだりぃな）↓（なんで俺こんなことやってんだろ⁇）↓（○○ちゃんのことが好きだからだ♡）。

ここで固定しておきたいんだよね。

「そんなことできるの‼⁇」って思うだろうけど、できるんです♡

○海老で鯛を釣る方法

自分が彼に求めるものってね、いろいろあると思うの。

・お姫様扱いしてほしい
・いつでもどこでもチヤホヤしてほしい
・わがままを叶えてほしい
・女としてみてほしい
・デートに連れて行ってほしい
・記念日のお祝いを彼からしてほしい
・カッコよくいてほしい

とかとか。

これってシンプルに、一言でいえば「ずっと恋してたい」ってことだよね。

じゃあ、自分がずっと恋をし続けるには?? 彼からずっと愛でられるには?? っていうと、ただ待っていたんじゃダメだし、ただ成り行きに任せているのでもだめ。女性が賢くなって男性を上手に転がさなきゃ。

そして、男性がこの人のいうことを聞きたい！ って思う魅力的な女性にならなきゃ。

この男性を上手に転がすっていうのは、女性だけが恩恵を受ける図式は破綻するからいけないよ。

女性も嬉しい、男性も嬉しいっていう循環あってこその持続と繁栄だから、これを目指してほしいの。でないと、また彼がよそ見をするかもしれないし、もしかしたら、いつかあなたがよそ見をしたくなるかもしれないからね。

だから、**男性と理想の恋愛がしたいのなら、男性と出会う前に自分がどんな恋愛をしたいのか？ どんな男性が好きなのか？ これらをそれぞれ自分自身で把握しておくと流れがスムーズになるわよ。**

っていうのもね、**女性は好きになった人の理想の女性になりたいと思うように、男性だって自分が好きになった女性の好みの男になりたいわけよ。**

だって好きな女の期待に応えて「俺、すげぇ☆」がやりたいから。

じゃあ、**どうやったら男性が「俺、すげぇ☆」と思って嬉しくなるか？　っていうと、ご褒美が必要なのね。**

素敵な女性が男性にご褒美をあげるから、男性はまたご褒美が欲しくてがんばるし、男ってやつはご褒美さえもらえたら、ちょっとしんどいことでも頑張れるのよ。

だって、ご褒美をもらえることによって男性自身が「俺、すげぇ☆」って実感できるから。**「俺、すげぇ☆」の力すごいよねw**

このご褒美って「全男性共通」なんだけど、なんだと思う?.?.?

その男性がどんなタイプであれ、何歳であれ、共通している男性にとってのご褒美。
それはね、

女性の〈心からの笑顔〉です。

「ふぁ!?」って思うかもしれないけどね、女性が心から笑った顔って、ほんとうにかわいくって美しいの。それはメイクとか、服装とか、年齢とか関係ないよ。
すっぴん、パジャマでも、むしろそっちのほうが特別感があって可愛いよ。

女性の心からの笑顔はね、それを見た相手の思考を一瞬止めるぐらいの力があるの。

「んああああぁ‼　可愛すぎる！／／／」って思考がぶっ飛んじゃうんだよね。冗談のようだけど本気で。

行動するのが億劫な男性に対して、言葉だけで「ありがとう」っていうよりも、ちゃんと相手の目をみて微笑むほうが、ありがとうっていう気持ちが伝わるよね。

そこに、おまけの笑顔まで付いてくるとしたらどう？　想像してみて！　このインパクトってすごくない⁇

自分が笑顔を見せるだけで相手もそれを見て喜んでくれるなんて、こんな嬉しいことってある⁇

これにはお金もいらないし、時間もかからなくて、今すぐにでもできることなんだよ⁇

あなたは普段から、みんなに自分の心からの笑顔を見せられているかな⁇
女性の機嫌ってね、男性のコンディションを簡単に変えられる力があるんだよ。

これはそれだけあなたに影響力があるってこと。

だからね、悲しいことがあったからって、いつまでもそこに囚われて、恨みなんて持たないでね。周りのみんなも悲しくなっちゃうからさ。

たくさん傷ついたし、悲しかったと思うけれど、これから楽しいことだってたっくさんあるし、自分の意識さえ変えられれば、自分もそっちで生きることができるからね。不安と悲しみの中で生きるのか、笑顔と喜びの中で生きるかって、自分で選べることだからね。

今は悲しみから出るのが不可能に思えるかもしれないけれど、人の心の流れが少しわかったら、なんだかできそうな感じがしてこない??
自分の笑顔ひとつで人から愛されるなんてさ、こんなにチョロいことはないと思わない？？？

でも、そこには強さがあるんだよ。

悲しい経験をしたのは無駄ではないからね。

悲しい思いをした分、あなたの愛情タンクは大きくなっているから、いつかそれを人に与えてあげられるからね。

辛い感情でも、感情を感じられるって素晴らしいことだし、自分が感じたことは人に感じさせることができるからね。


辛い経験はできることならしたくないけれど、自分がもし、してしまったときは、いつかそれで得た深い愛を自分が大切に思う人に分けてあげてね。

そのときは、とびっきりの笑顔付きでお願いします。

○男の愛情はここでみよ

一度不義理をした相手をまた信じるなんて、なかなかできないよね。

相手からしでかされたことも、簡単になんて許せないし、他人から「自分のために許してあげて」なんて言われたってふざけんな！　って思うよね。

その感情はあなただけのものだから、あなたが飽きるまで好きなだけ感じ切ってほしいんだけど、そこに余計な不安をくっつけたり、恨みを持つことはして欲しくないのね。

それをしてしまうと、きっかけが「浮気」だっただけで、全く別のものに成長してしまうからね。

あと、彼との再構築を望むのならば、〝今〟の彼をみてあげるようにしてね。

二人の関係を一回リセットしてからの再出発を決めたなら、彼も自分がしでかしたことを、自分の行動を持って清めていかないといけないし、あなただって切り替えていかないといけない。

どちらか片方だけが頑張る関係って、いつか壊れるからね。二人でいたいのなら、イーブンで支え合わないとね。

だから、相手が頑張る時にはあなたも頑張んなきゃだめだし、相手が休んでいるときはあなただって休んでいい。

ってことは、あなたが塞ぎ込んでいるときは……彼は頑張りたくても頑張れないんだよ。

そんなときの彼は、誠意を見せようにも限界があるんだよね。

だから、彼と一緒に頑張って一緒に乗り越えていく必要があるし、そうすることによって絆って、深く強くなっていくのかな？　強さを得ていけるのかな？　って思う。

男女の違いっていろいろあるんだけれど、男性と女性では愛の受け止め方も違うの（愛の受け止められ方といったほうがいいかな？）。

ここは私もまだ観察途中ではあるんだけれど、男性へ愛をぶつけるとね、それって文字通り響いて伝わるし、一回でも相手の男性を響かせることができたら、しばらく会わない期間があったとしても、再開が決まって「会える」ってだけで、勝手にかつて響いたところが少し動くような、そんな印象があるの。

一方、女性の場合はというと、残念ながら愛情を受け止める器がありませんw
愛とは女性にとって流れていくものなの。

だから女性は、大好きな人に月に一回会えるよりも、毎日5分でもいいから電話していたほうが、愛を感じるの（それだけ不安がりとも言えるよね）。

これを知っているかどうかでも、男性に「私はこうだから、こうしてほしい」って言いやすいよね。

男性は女性の気持ちを察するのが苦手だし、女性は自分の乙女心を男性に話すのが苦手な人が多いけれど、これこそ自分のために相手に言うしかないんだよね。だって言わなきゃ伝わらないいんだもん。

あなたが、「自分はこうですよ。だからこうしてくれると私は喜びます」っていう答えを男性に示した上で、男性がそれになぞったことをしてくれているかどうか？少しでもそれを気にかけてくれているかどうか？

ここで、彼の愛情ってわかるんです。

女性からしたら、相手の仕様を覚えるなんて簡単だろうけどね、男性がそれをするのって……しんどいらしいよ。

だって極端な話、仕事で上司や部下に気と頭を遣ってヘトヘト状態なのに、休みたいプライベートでも頭を使うなんてそもそも嫌じゃん。

でも、その状態でも、あなたのことを記憶してくれるっていうのは、これは「愛」だよ。ここを当たり前だなんて思っちゃいけないよ。

目の付け所を変えて、自分の周りの男性を改めて見てみたら、たくさんの男性からの気遣いに気づくと思う。

あなたは今までそれらをスルーしたり、当たり前のように受け流していたんだよね。残念ながら。

ここをね、ちょっと受け取り方を変えて、男性が喜ぶようにご褒美をつけてあげれば、自分も自分の周りにいる人たちにも笑顔が増えると思わない？

「愛」ってね、目に視えないし、自分が「好きだったらこうでしょ！」っていう思い込みがあればあるほど、他人からのそれはわかりにくいんだけれど、仕事上でだって「愛」は至る所にたくさんあるんだよ。

女性にとって愛とは、残念ながら流れていくものだから、何回も何回も愛を浴びて、それを浴び続けないと「愛されている」と満足できない人が多いんだけど、だったらなおさらいろんな人から愛を与え続けられる女性になればいいし、もっというと、すでにある愛を受けとるだけで、もう愛を浴びまくっている自分に気づけるんだよね。

ここで「私は好きな人からの愛だけでいいの！」って思うかもしれないけれどね、たった一人からの愛を受け続けるって、双方大変なことなのよ。

しかも彼からの愛を受け続けたいのであれば、彼のためにも、他の人から見ても魅力的な人になるっていうのは外せないんだよね。

だから私の恋愛コンセプトは「ヒビコイ」なの。

ヒビコイとは、「相手にちゃんと愛を届け、相手を響かせる恋。そのためにも日々いろんなものに恋をして楽しく過ごし、魅力的であってね」ってことなの。

恋で悶絶して苦しんでいる人よりもさ、いつ見てもなんか楽しそうなことをしていて、目をキラキラさせている人のほうが人を惹きつけてしまうのも理由は簡単で、**人間というものは明るそうなもの・人、楽しそうなもの・人が好きで、それを無視できないいんだよ。言ってみれば、快楽主義からは逃れられないのよ。**

だからね、もし浮気をした彼に復讐をしたいのならば、自分が毎日幸せで楽しい姿を見せることだし、最高の親孝行がしたいと思うのなら、毎日やりがいを持って楽しく過ごしているのをこまめに報告することだと思うんだよね。

これ、やっていることは同じなんだけれど、受け取る立場によって「自分はなんてことをしてしまったんだ…」とも思わせられるし、「あの子は元気なのね。よかった。安心した」ってホッともさせられるんだよね。

人間って面白いよね。

していることは一つでも、それに対する反応って、その人の受け取り方によってガラッと変わるの。

だからこそ、**浮気はそもそも治るのか？ っていう質問の解は「あなた次第」「見せ方」なの。**

自分でこの先がどうなるかは、造れるし、決められるんだよ。被害者になった唯一のいいところは、そこかもしれないねw

あなたが自分自身の幸せについて、しっかり考えて答えを出したのなら、そこからもう理想への道ってちょっとずつ作られていっているんだよ。

ってことは、あとは、そこを一歩ずつゆっくりでもいいから進んでいくだけだよね。

心配しなくたってね、女の人は愛されているし、これからも愛されるんだよ。だって女性にとって「愛される」とは義務だもん。

だから愛されて当然なの。

問題は、それにあなたが気づいているのか？　受け入れられているのか??

これだけなの。

愛されるって、人によっては怖いかもしれないけどね、大丈夫だよ。

男性の愛は、女性のそれとは違って追い詰めてくる愛じゃないからね。お母さんからの見守る愛があったかいように、男性のそれもあったかいものなんだよ。

あとはそれに気づくかどうかだけだね。自分の未来は、今から自分で決めて自分で造っていくんだよ？


いつまでも、過去に縛られていてはいけないんだからね。今が何歳でも関係ないよ。

自分が死ぬまで、素晴らしい女性になり続けよう。

どんどん綺麗に可愛くなって、もっともっとたくさんの人から愛でられよう。


そして、あなたの笑顔で周りの人を喜ばせてあげてね。

あなたの笑顔って、ほんとにかわいいいんだから！////

Chap 09

Point

男性の愛は女性と違って、
あるかわからないぐらい自然と漂っているもの。

男性の愛は自分が窮地に陥ったとしても、
表に出さずに行動できる忍耐力。

究極の愛は、
相手がどうなっても尊重し笑顔で見守れること。

男性にとっての究極のご褒美は、
女性の心からの笑顔。

女性にとって愛は流れていくもの。
すでに浴びまくっていることに気づくこと。

おわりに

おわりに

ここまで読んでくれてありがとう。

ちょっとは気持ちが楽になって、少しでも前を向ける気になってきたかな？

恋愛で傷ついた時には、二度と人を好きにならない！　恋愛なんてしたくない！「愛」なんてものは自分の人生にはなかった！　と悲観しがちなんだけどさ、ちょっと一旦、深呼吸してみて。

「スーハー」

そしてよ〜く、思い出してみて。

あなたが困った時、あなたが助けを求めた時、あなたが聞いて聞いて！　と話しかけて誰かが耳を貸してくれた時。こんな時ってそこに「愛」はなかったのかな？

自分が楽しい時も、悲しい時も、それを伝えられる誰かがいる。聞いてもらいたい誰かがいるってことは「愛」は小さくてもそこにあるんじゃないのかな？

私は、彼の浮気が発覚してから禿げそうになるくらい浮気について考えたし、どうしたら彼を赦せるのか？　どうしたら自分の心が回復するのか？　また、以前のように彼と話ができるようになるのか？　って悩んでいたんだけどね、そもそも「浮気」ってなんなんだろうね？

自分以外の女性と寝たら浮気？
女性と二人でお酒を飲みに行ったら浮気？
二人で会うことを隠していたら浮気？
自分に紹介できない相手は怪しい⁇

浮気の境界線って人それぞれだと思うけれど、女性が浮気に敏感なのは、本当にその人に大切な自分を委ねて大丈夫なのか？　その人は大切な自分が一緒にいるにふさわしい相手なのか？　これを見極めるために、浮気というものに対して過敏なんだと思うけどね、私はこれがまず相手への「依存」だと思ったの。

だから今度は、私の幸せは彼がいないと成立しないものなのか？

考えてみたのね。

そしたらなんと！

彼がいなくても私は笑えるのです。イェイ☆

彼がいなくても、大好きなごはんはいつ食べても美味しいし、好きな番組を見てはそれにどっぷりはまり込めるし、一人でお風呂に入ることができれば、一人でもトイレに行ける。

私には彼がいなくても、笑顔で毎日過ごせるベースがすでにあったのです。

イェイ☆

でもね、彼がいると、

このベースから物事が全部少しつづ底上げされるの。

なにか相手に共有したいことが起こった時に、それを共有できて、一緒にその感情を味わえる人がいるって素敵なことだよね。

彼がいなくなることはこの素敵なことがなくなるだけで、別に私は不幸に落ちたわけではなかったんだよね。だって今日も生きているし、ご飯も美味しいし、雨風を防げる家にいることができれば、友人だっているんだもの。

あれ？　私はたしかに浮気されて絶望していたけれど、「素敵なこと」がなくなっただけで、ただ、**それだけ**だったんだよね。

これがめちゃくちゃ悲しくて苦しかったわけだけれど、相手だってきっともう苦しんだんだよね。だって、制裁をがっつり加えているから。

人っていうのは、常に自分の見たいものを見ているの。

だから浮気された時っていうのは、いつもよりも状態が沈んでいるわけだから、自分を守るために自分の安全を脅かす脅威になりうるものにアンテナが動きやすくなっているのね。自分としては「もう自分は傷つかないぞ!」と警戒しているつもりでも、実際はそれって、常に浮気のタネを探している状態なんだよね。

男性のスマホを見るなんてまさにそれ。

男性のスマホを見たっていいことないよ⁇ せいぜい、浮気の証拠がないだけでさ、見てあなたが嬉しくなるようなことなんて滅多にない。あるとしたらラーメン屋さんの検索と、エッチなやつの検索と、ゲームの検索ぐらいなんじゃないかな?

マイナスはなかったとしてもプラスもない。ってことは、彼のスマホを見て得られることは、安心感ではなく、0かマイナスだ。

だから、男性のスマホなんて見ないほうがいいの。

それよりもね、せっかく相手と親しくなれたり、近い関係にあるのなら、もっと二人の仲が深まったり楽しめることを探す時間にあてたほうが建設的じゃない??

心配しなくてもね、女性は笑顔でいるだけで、他人から「可愛い」って愛されるんだよ。

嘘だと思うのなら、恐怖に飲み込まれて不安になっている今の顔を鏡で見てみてよ。すっごい顔色も悪いし、めちゃくちゃ老けて見えるし、とにかくブサイクだからさ。

この状態のあなたを笑わせるって、なかなかハードルが高いと思わない?

逆の立場でさ、もし相手がこんな顔をして、話しかけられないような雰囲気を出しているのに、「その人を笑わせろ!」ってミッションがきたらさ、無理ゲーだと思わない??

どう話しかけていいか、わかんないよね。

浮気がバレた後の彼も、同じ状態なんだよ。

浮気は確かにいけないことなんだけどさ、そこに固執してしまうのはもっといけないことだと思うよ。だって、そのままじゃ幸せになれないんだもの。

浮気をする人はやだ！　って、相手を変えても、浮気の恐怖はとれないし、浮気をされないようにしようと思っても、恐怖がちらつくと、ついつい相手を束縛したくなってしまうけれど、もっとね、**自分の人生をでっかく、広く**、考えてみない??

あなたにとっての、あなたの幸せとはなんだろう??

彼とお付き合いするって決めた時に描いた二人の関係はどんなものだったんだろう??

今の、あなたと彼の関係はどうだろう？

まだ、彼のことが好き⁇

片玉ぐらい、潰したい？？

愛される女性ってね、執着しない女だって知ってる？

彼があなたのことを大事にしてくれないのならさ、そんなクズカスあなたから捨ててしまえばいいんだよ。もう好きじゃなくてただただ憎いのならね。

でも、好きだから浮気されても我慢するっていうのも違うんだよ。

恋愛とはね、お互いの好きゲージがシーソーのようにゆっくり動くものであって、どちらか一方が重すぎる恋愛は楽しくないの。そんなの虚しくなっちゃうのよ。

自分の彼に対しての気持ちが大きすぎる時こそ、彼と離れて自分を満たすことをやってみよう。そして思い出して欲しい。
彼と出会った時のあなたって、どんな感じだった？
彼と付き合いだした時のあなたって、どんな感じだった？
その時のあなたは、どんなことが好きだった？

女性が恋愛に本気を出すと、相手が浮気しなくとも、ろくなことにはならないからねｗ
男は少しくらい放っておいたほうが、ちゃんと帰ってくるものだよ。
躾がなっていない男はこれから正しく調教すればいいんだから、まずは彼のことよりも、あなたがあなたの状態を整えることを優先させてね。
女性は誰だって愛されるし、愛されていいんだし、幸せになっていいし、毎日笑顔で過ごしていいんだよ。

男女関係の中ですれ違いが起こってしまっているのなら、冷静に一つずつ解きほどいていけばいいだけだから、焦らないでね。
あなたがまた、男性からの愛が受け取れるように、心から笑えるように、自分が自分らしくいられるように応援しているね！

大丈夫。あなたは愛されるから。
だって、すっごく可愛いんだもん。
だから安心してまた人を好きになってね。
自分の幸せを諦めちゃダメだよ。

女性はみんな、愛されることは義務なんだからね。

大丈夫。
それだけ傷ついて涙を流せる人が、報われないなんてことはないからね。

でも忘れないで。

それはあなた次第だから。相手の男はここには関係ないの。
あなたが自分の幸せを諦めなければ絶対に幸せになれるし、大好きな人から、うっとおしいぐらい愛されることもできるんだからね。

大丈夫。
あなたは愛されるから。

魂に響く恋をしよう。

若林　和美

【著者略歴】 若林和美《わかばやし　かずみ》

物心が付く前から離婚のため父親知らずで、母と姉と共に幼少期を過ごす。また、母の再婚による義父との確執、恐怖、縛りなどから、自身が生まれたこと自体を恨むようになり、中学・高校時代には、不眠・鬱・拒食症を繰り返し、自分の顔も性格も嫌いな毎日を過ごす。

高校卒業後すぐに親との悪縁を切り家出。クラブデビューするも、先輩や同僚からのいじめ・パワハラに遭いながら必死に男女の研究を重ね、当時ホステス800名いた中、NO.1へ。実践で鍛えた友達以上、恋人未満の立ち位置をつくるあり方には、同伴予約が後を絶たないほどに。

21歳で結婚、28歳で再婚をし、娘を出産。その後、家庭不和、義母との確執から離婚を決意。親権を得るために2年間の調停に持ち込むも親権を手放さなければならなくなり、2度目の離婚を経験。

絵に描いたような負の体験から、子供が健全に健やかに育つには？と模索。子供が安心して成長するには子供と長い時間を過ごすであろう母親のメンタル安定が欠かせず、母親のメンタル安定のためには夫婦の良好な関係が必須のため「女性が喜び、女性にモテる紳士育成」を理念に男性への恋愛指導からスタート。

男性と話すことも出来なかったところから、NO.1ホステスにまでなった経験を活かし、「やり方よりあり方、方法より思考」を掲げた独自のアドバイスに人気が集まる。そして、切れ味鋭い的確な指導を受けた実践者の中から「明らかな変化」が続出し、高所得者層・経営者層をはじめ、海外からもコンサル依頼、セミナー参加者が多数。

恋愛市場では異例な高額コンサルフィーでありながら申し込みは後を絶たず女性への恋愛指導においても、特に蚊帳の外に置かれがちな30代、40代女性や離婚歴のある女性が男性に困らなくなるほどにモテ始める実績はひときわ光彩を放つ。

現在は、入籍間近（現夫）の男性からまさかの浮気が発覚するも、見事に乗り越え三度目の結婚をし、これらのスペクタクルな体験を元に本書を上梓する。

女性向けサイト『hibikoi』

https://kazuminmin.com/31/

女性向けメルマガ『愛される恋のはじめかた。』

https://kazuminmin.com/31/mailmagazine/

hibikoi

愛される恋の
はじめかた。

装丁・本文デザイン・DTP／横田和巳（光雅）
イラストレーション／ときゆりか
校正協力／伊能朋子・あきやま貴子
編集協力／桜井栄一
編集／阿部由紀子

あいつ、やりおった。
男が浮気をやめるとき。恋愛に勝つ女のヒビコイ理論。

初版1刷発行 ● 2020年10月21日

著者
若林《わかばやし》 和美《かずみ》

発行者
小田 実紀

発行所
株式会社Clover出版
〒162-0843 東京都新宿区市谷田町3-6 THE GATE ICHIGAYA 10階
Tel.03(6279)1912 Fax.03(6279)1913 http://cloverpub.jp

印刷所
日経印刷株式会社

ISBN978-4-908033-95-7 C0095